22世紀の民主主義

選挙はアルゴリズムになり、政治家はネコになる

22世紀的民主主義

AI時代的民主突圍之路

成田悠輔——著

高詹燦——譯

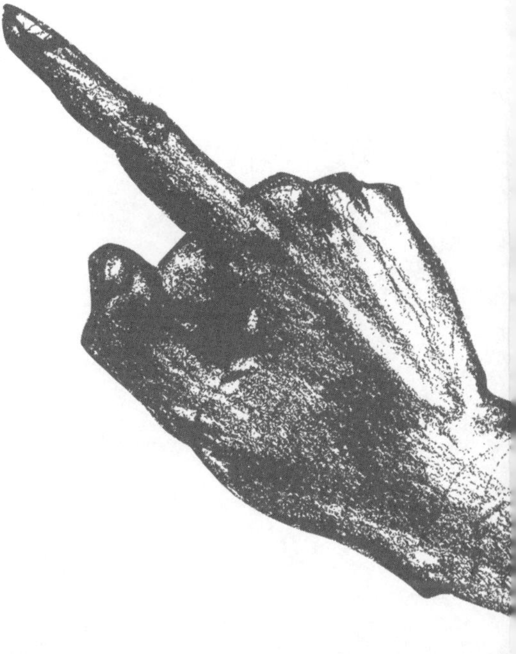

A・一開始想斷言的事

濃重的灰雲覆蓋著許多先進國家。那是停滯與衰退的積雨雲。要怎麼做才能撥雲見日?應該是靠政治吧。如何才能改變政治呢?應該是靠選舉吧。年輕人要去選舉投票,促成世代交替,將政治的眼光擺向未來。每到選舉就會聽到這番話。

但我在此斷言。**年輕人去選舉投票,如果只是「參與政治」,什麼也改變不了**。以高齡化的先鋒——日本為例。當前的日本人平均年齡是48歲,不滿30歲的人口占全體的26%[1]。在所有有投票權的人當中,不滿30歲的人占13.1%。而在二〇二一年的眾議院選舉中,所有投票者中不滿30歲的人只占了8.6%[2]。年輕人算是極少數派。就算年輕人的投票率提升,和60~70歲的人一樣會去投票，但身為極少數派的年輕人一樣是極少數派。在選舉中同樣是會落敗的極少數派。

年輕人本身的行動，也造成了雪上加霜的效果。這指的是日本以及停止發展的先進國家們的年輕人的投票對象，與高齡者的投票對象幾乎沒什麼不同。20～30歲人口的自民黨支持率，與60～70歲人口幾乎一樣，甚至還更高[3]。這表示就算年輕人去投票，選舉結果一樣不會改變，無法對政治人物造成壓力[4]。

更進一步來說，現今的日本政治和社會所面臨的處境沒那麼簡單，會因為年輕人參與政治或選舉投票這樣的溫吞行動，就有所改變。深陷在數十年不動如山的慢性停滯和危機中，想要加以翻轉，就像是要將一艘嚴重鏽蝕，逐漸沉沒的昭和豪華客船，從水中打撈上來一樣，是一項大工程。

具體來說，要打造出只有年輕人能投票和參選的選區，或是年輕人引發叛變，從某個年齡層以上的人們手中奪取（被）選舉權，就是這樣的革命。或是對這個國家感到死心的年輕人，建立新的獨立國家。這種像三流小說般的閃電，要是不狠狠地炸裂一番，覆蓋政治和社會的烏雲便不會散消[5]。

我們都有個壞習慣。現有的選舉或政治的遊戲，要如何參與，該怎麼玩？很容易產生這樣的念頭，這就是壞習慣。但有這樣的想法時，就已經注定輸了。「年輕人，去投票吧」，當年輕人被捲入這樣的廣告宣傳中時，其實只是被迫在那些老人們的掌心裡擺出戰鬥姿勢，一定得意識到這點才行。

不管年輕人在掌心上跳得再華麗，再怎麼深思熟慮，前往投票，如何在社群網站上發文呼籲「＃去投票吧」，但在目前的選舉結構下，既然年輕人是極少數派，就改變不了結果。只是在宣洩內心的不滿罷了。雖然有人會說，這種話說不得，但這是事實，無可奈何。

這並不是在嘲笑。而是呼籲大家要關注更重要的事。什麼是更重要的事？**要思考選舉、政治，以及民主主義這樣的遊戲規則，要怎麼去改變。**改變規則，也就是小型革命。

如果革命是100分，則投票或當上國會議員，只有1分或5分，可說是杯水車薪。保證什麼也改變不了。如果只是用這種半調子的方式來宣洩不滿，讓問題模糊化，還不如在屋裡邊喝拿鐵咖啡，邊玩遊戲，還比較快樂，而且CP值也比較高。

是要革命，還是拿鐵？本書就是幫助你做終極選擇的指南書。

B · 摘要

大部分的讀者可能不太熟悉，學術論文通常都會附上摘要、要旨（abstract）。這是用來簡短歸納出「簡單來說，這是一篇要主張、發現，或是證明什麼的論文嗎」，也就是參考書或小抄。

我很喜歡摘要，忙碌的讀者只要看過摘要，就會大致明白這是怎樣的內容，可以根據摘要在酒局或咖啡店裡聊天，說作者壞話。因此，我也想在這本書的開頭加上摘要。

話雖如此，摘要終究只是摘要。如果只有這份摘要，則資訊密度太高，邏輯的展開過快，不知道根據何在的斷言會過多。讀者也許會覺得自己被晾在一旁，滿頭問號。提供根據、背景、詳細說明，是內文扮演的角色。

因為這個緣故，如果可以，這篇摘要希望讀者能看兩遍。第一遍是在閱讀內文前，第二遍是在閱讀完內文後。藉由之前看一遍，之後再看一遍，應該更能立體地掌握這本書的主張。那我們這就開始吧。

○□主義與□○主義

說到經濟，就想到「資本主義」，說到政治，就想到「民主主義」。最懂得放任勝利者不管，徹底讓他們獲勝的資本主義，就是這樣才會造就出社會差距和失敗者。誕生在這世上的弱者，賜予他們聲音的是民主主義，藉由讓資本主義這匹悍馬配合民主主義的韁繩，這世上有一半國家就此得以運作。

然而，身為這兩人三腳其中一隻腳的民主主義，現在卻罹患重症。透過網路，理應能實現草根民主主義夢想的中東多國民主化運動「阿拉伯之春」，就只是綻放出短暫的火花，便失敗收場。倒不如說，是在網路上四處擴散的煽動、假新聞、陰謀論，逐步侵蝕了選舉。在北美、南美、歐洲，不斷出現民粹主義的政治家，成天將搞笑般的粗俗話語掛嘴邊，藝人與政治人物的分界變得模糊不清。

故障

這並非純粹只是印象論。**縱觀邁入本世紀後的這二十多年的經濟會發現，愈是主張民主主義的國家，經濟成長愈是持續低迷。**

不只是平時。在新冠疫情流行的二〇二〇～二〇二一年間，愈是民主國家，愈多人死於新冠肺炎，經濟嚴重下滑。二〇〇八～二〇〇九年的雷曼兄弟事件，陷入危機的國家也全都是民主國家，這種情況應該稱之為**「民主主義失落的二十年」**。

為什麼民主國家會失敗呢？給個提示，是伴隨著網路和社群網站的深植，使得民主主義持續「惡化」。我們來看看象徵惡化的仇恨言論、民粹的政治言行、政治意識形態的兩極化吧。看過之後就會明白，**進入本世紀後，全球的這種民主主義惡化現象日益嚴重，而且特別是民主國家，是採加速度的方式惡化。**

民主國家的經濟也與加速的惡化產生連動反應，變得愈來愈封閉，而且短視近利。愈是民主國家，對未來的投資愈遲鈍，本國優先主義的貿易政策強化，進出口都因此停滯。這諸多因素組合在一起，引發民主主義失落的二十年。而在爆發新冠疫情的二〇二〇年，愈是民主國家，愈是沒能徹底採取早期的邊境封鎖政策。儘管出現這樣的危急狀況，但不論是公共衛生，還是平時的總體經濟，該堅持的時候卻無法堅持，浮現出本世紀的民主國家優柔寡斷的一面。

民主的惡化與其經濟上的副作用，在邁入本世紀後開始變得顯眼。二十一世紀是什麼阻礙了民主主義？電子商務的成長、網路上的資訊擴散、金融危機、病毒感染等等二十一世紀的構成因素，都有其共通點。它們都是在經歷過一陣如同暴風雨前的寧靜般的助跑或停滯後，才以超乎常人直覺的速度和規模爆發出後續反應。

現今的世界，爆發了應該以超人的速度和規模去解決的問題，但我們只能以凡人平常的感覺（＝輿論）去揣測的民主主義來面對，也許注定只能失敗收場。

鬥爭

那麼，罹患重症的民主主義想要重生，需要靠什麼？在此能想出三個處方。分別是(1)與民主主義鬥爭、(2)逃離民主主義、(3)目前還看不到的民主主義構想。

鬥爭是率直地面對民主主義，想透過調整和改良來解除詛咒，是很認真的做法。為了讓政治人物的注意力不光只擺在眼前的對內輿論，而是擺在以長遠的眼光看到的成果。因此，會關注 GDP 和平等、幸福度等成果指標的政治人物，應該保證會再投票給他，或是給予獎勵報酬，要引進這樣的做法。

除了對政治人物面對的激勵誘因進行改造的「政府治理」提案外，重新設計選舉制度的提案也不少。網路投票或 App 投票當然也有人提案，此外還有為了克服世代的差別，而提到政治人物或選民的任期和退休年紀。而「不同世代的選區」，以及看各個投票者還有大約多少餘命，來對選票加權的「餘命投票」的引進，也是想得到的做法。

這麼做的用意並非只是要吸引年輕人，也會聽取往往會被忽視的極少數派的聲音。不是投票給政治人物的男女人數、政黨，或是政治人物，而是投票給政策論點，允許將許多票分配給自己覺得重要的論點，這正是流動式民主主義。

話雖如此，實現的可能性令人難以期待。在既有的選舉中獲勝，構築出現今地位的現職政治人物，會想展開這樣的選舉制度改革嗎？顯然不可能。

逃離

如果那麼想，與民主主義的鬥爭也許打從一開始就寸步難行。既然這樣，乾脆放棄鬥爭，逃離民主主義如何？

例如將資產藏匿在避稅天堂，這種逃離國家的方法，有一部分早已是司空見慣的事。希望各位能想起，現今的民主主義看起來就像是將接連的失敗轉嫁到市民身上所課的政治稅。如果是這樣，就像有避稅天堂的存在一樣，也可能有政治上的民主主義天堂吧？

獨立的國家或都市，招攬或挑選放棄既有的國家，而成為民主主義難民的個人或企業，就此組成的世界。**嘗試自己獨特政治制度的眾多新國家，像企業一樣競爭，然後像商品或服務一樣，將政治制度變成資本主義的世界。**

或許有人會認為這是誇張的幻想。不過，這種嘗試其實正在進行中。例如反過來利用不受任何國家支配的地球最後邊境——公海的特性，想打造一群漂浮在公海上的新國家。那些億萬富豪們開始逃向對自己喜歡的政治制度展開實驗的海上國家或數位國家，這樣的未來或許不遠了。

二十一世紀後半，那些資產家或許會消失在海上、海底、高空、宇宙、元宇宙當中，打造出一個從民主主義這個失敗裝置中解放的「成功人士為了成功人士所打造的成功人士國家」。選舉和民主主義，或許只剩資訊弱勢的貧窮國家才會使用，令人備感懷念、溫情，一種沒效率又不合理的象徵，就像我們常嘲笑的鄉民聚會一樣。逃離這種民主主義，正是繼法國革命、俄國革命之後，二十一世紀政治經濟革命的希望所在。

構想

然而，不管怎麼說，逃離終究只是逃離。因為對民主主義絕望而逃往選民樂園的眾資產家，並未解決民主主義所存在的問題。那麼，要怎麼做，才能逃離鬥爭，尋求民主主義的重生呢？這時候需要的，是考量到現今將民主主義逼入絕境的全球環境，重新發明民主主義。

這時候想到的構想，是**「無意識資料民主主義」**。網路、監視器拍到的會議、在街上和家中所說的話、表情和動作、心跳數、熟睡程度……不只限於選舉，從無數的資料來源中都會透露出人們很自然，且發自內心的意見、價值觀，以及民意。「那個政策不錯」「哇，真討厭……」，由這些聲音和表情所組成的民意資料。各個民意資料來源都帶有些許偏差，有被竄改的風險，但以無數的民意資料來源加以補足，便能消弭這些偏差。民意會顯得更立體。

由無數的民意資料來源進行決策，是演算法（將用來解決問題的步驟，轉化為有可能當作電腦程式來執行的演算程序。從搜尋引擎到推薦顯示，在網路上所有地方運作）。這個演算法的設計，除了人們的民意資料外，還有GDP、失業率、學歷程度、健康壽命、福利等成果指標資料，在設計時，要讓這些資料組合而成的目標函數最佳化。決策演算法的設計，是由以下兩個階段組成。

(1)首先要基於民意資料，來發現人們對每個政策領域、論點看重的是什麼，想讓怎樣的成果指標組合和目標函數最佳化。也可稱之為「實證發現目標（Evidence-Based Goal Making）」。

(2)依據以(1)發現的目標函數、價值標準，來選出最適合的政策性決策。這個階段很接近所謂的「實證政策立案」，過去的各種決定會促成怎樣的成果指標，依據過去的資料來驗證其效果，加以執行。

每個政策論點都會展開這種分級燃燒循環。因此我們可以說——

無意識民主主義＝

(1)實證發現目標

＋

(2)實證政策立案

就這樣，選舉不是用來聽取民意的唯一終極辦法，它已降級成了(1)實證發現目標，根據證據來發現目的所採用的眾多資料來源之一。

民主主義不是人們手動前往投票所刻意執行，而是自動自發，逐變成在無意識下執行。人們平時只要邊喝拿鐵邊打電玩就行了，當演算法的價值判斷或推薦、選擇出狀況時，再介入抗拒，這是人們主要扮演的角色。人類的政治人物會逐漸消滅，原本扮演吉祥物，接受市民的狂熱和憤怒的政治人物，這種角色會逐漸被替換成貓、蟑螂、數位虛擬人物。

無意識民主主義是大眾民意的決策（選舉民主主義）、少數菁英選民的決策（知識型專制主義），以及資訊和資料的決策（客觀的最佳化）所融合而成。從周邊開始變得繁茂的無意識民主主義這種雜草，會讓因既得權益、中間組織、既有的陋習肥大化而無法動彈的現有民主主義變得乾枯，使適合二十二世紀民主主義的土壤變得肥沃。

無意識資料民主主義的構想並非科幻。科幻是將想像力發揮到極限，接觸可能的世界與不可能的世界之間的交界，將可能的事擴展開來的一種做法。得不切實際，非現實所能企及，這才有其價值。

而本書的嘗試恰好相反。我想試著接近未來的俗世。雖然這觀念還沒滲入人們腦中，但只要有人提到，就能理解。讓人們能坦然接受它，這是我的目標。「能正確預測『應該要有的事件』，這點與自由奔放，任憑想像力馳騁的科幻小說，存在著根本性的差異[6]」，無意識資料民主主義與其說是構想，不如說是預測。

C・一開始想先解釋一下

對政治、政治人物、選舉，全都不感興趣

本書的目的很單純明快。那就是重新思考選舉和民主主義該如何設計才好，提出各種改造方案。就只是這樣。

不過，我得先坦白說件事。對政治、政治人物、選舉，我全都不感興趣。感覺就是……不管怎樣都無所謂。

一群穿西裝的大叔，像皮克敏（任天堂開發的一款遊戲，角色造型是像植物般的生物。）般滿出的景象，就算是恭維，要說這幕景象美麗如畫，也實在說

不出口[7]。就像是學生時代的班長直接變老的中老年人，手拿稿子照本宣科，淨說些美麗的辭句，背地裡展開血淋淋的粗暴權力鬥爭。為了議員或大臣的地位，或是掌握權力和人心，為達目的不擇手段，貪得無厭。想要帶著笑容，開心過日子的人，最好別接近他們。

我不看報紙，也幾乎不看電視，但每次碰巧看到政治（人物）或選舉相關的新聞，就覺得自己朝無趣又老舊死板的人又接近了一步。雖然有意外的機會，每週會和知名政治人物交談，但總是覺得很難受，就像在動物園裡觀察珍禽異獸般，很想悄悄退場。

然而，這成了我寫這本書的契機。

我以及許多人應該都不感興趣的這群妖魔鬼怪，卻掌握著社會的未來，以及我們生活的走向。不管怎樣的大企業，不，企業規模愈大，愈會戰戰兢兢地揣測政府日後的限制與方針。大學和學校也都很擔心哪天來自政府的補助金會被砍，拚了命討好巴結官員或政治人物。猛然回神才發現，因為被政府徵收的消費稅和社會保險費，使得實際收入愈來愈少，只差最後一步，出國旅行就要成為只有上流國民才有能力享受的奢侈品。或者應該說，現在已經是這樣。

腦袋裡明白，政治是重要的大事，但內心就是不為所動。政治、加以束縛的選舉、民主主義，就算放著不管，人們也還是會思考，或是想展開行動，有沒有辦法做到這點？挑戰這個難題，是本書隱藏的目的。坦白說，與其說是為了讀者，不如說是為了我自己。為此，我採取了兩個策略。

(1)對於政治、選舉、民主主義，用稍有不同的觀點來看待，創造出重新思考的快樂和有趣之處（創造出「內」在的興奮）。

(2)透過政治、選舉、民主主義，或許能讓這世界朝更好的方向改變。為了給人這樣的預感，**針對選舉和民主主義該如何改造，如何參與才好，在此提出往各種方向邁進的策略和構想**（創造出「外」來的報酬）。

本書是外行人的幻想

還有一件事，得在此解釋一下，關於本書的主題，**我算是個外行人。**我既不是政治人物，也不是政治學家。不論是對政治，還是對政治學、政治史，我都是不相干的外行人。

但我希望各位別因為我是外行人，就忽視我的看法。有一本名叫《暴政：掌控關鍵年代的獨裁風潮，洞悉時代之惡的20堂課》，只要花三十分鐘就能看完的小書[8]。德國納粹、戰前的日本，這些國家在二十世紀曾經政治失控，這本書寫下從中學到的二十則教訓。我就摘錄當中幾則寓意深遠的教訓吧。

4　為世界的面貌負責。
10　相信事實。
11　當個追求真相的調查者
12　望進你我的眼，彼此閒話家常
14　維護私人生活
15　為好事盡一分力

感覺如此平實，又如此貼近我們周遭。令人擔心這樣是否足以與暴政對抗。但細想之後會發現，這種生活感很理所當然。**因爲我們稱之爲「政治」的表演舞臺，如果只是露出海面的冰山一角，則隱藏在海面下的巨大冰山便是沒沒無聞的每一個外行人的情感和生活。這種個人性的事物，正充滿了政治性。**

為了對國家的政治和民主主義展開思考，就一定得回歸到這些外行人的個人感覺上。正因為對制度和事實不清楚，才會有單純的疑問和假設；正因為不知道現場是什麼情況，沒有妨礙，自由描繪的想像才會有成果。

我試著以愛做夢的外行人所得到的感覺，加上身為研究者所培育出的推論力和分析力，以及在各種場合裡接觸政治人物的言行所得到的靈感，加以融合。想讓它擁有政治人物或政治學者的著作中所沒有的神祕跳躍性思考和點子，展開實驗。

看在政治人物眼裡，應該會覺得這是個沒身在政治現場裡，不知天高地厚的學者所做的幻想。而看在政治學家、法學家、歷史學家眼裡，應該會覺得有很多漏洞和可以反駁的地方，是外行人粗糙的謬論，根本看不下去。當中應該也有一些對事實的錯誤認知。

請儘管嘲笑吧。這本書不需要的分析和思考，希望就由專家來展開。並希望有實踐者將它落實在政治現場中。如果能成為這樣的負面教材，就此化為海裡的碎屑消失，那也是很幸福的一件事。

最後，**我並不打算聲稱書中的內容都是我個人獨特的全新見解。**有沒有獨特性和嶄新，其實並不重要，別人的想法和我自己的發現，我一樣都當作是零件加以組合，我只是想打造一輛能奔向未來的腳踏車，抱持著這樣的心情寫下這本書。當中有的是我自己全新展開分析、想像、思考過的資訊，有的是某人說過或寫過的內容，我在有意或無意下借用。我盡可能引用參考文獻，但應該還是不夠充分。如果有人覺得「這是我（或是某人）說過的話」，那大概就是吧。謝謝你。

相反的，當你想利用本書的內容時，請儘管拿去用。沒必要跟我聯絡，也沒必要標註我的名字。**看是要擷取、盜用，還是混用，都悉聽尊便。**因為，比起我自己的聲勢或功績增加，這世界或政治能有些許改變，才是更快樂的事。

1　總務省統計局「人口推算　2022年（令和4年）4月報」2022年4月20日

2　總務省「國會議員選舉按年齡分類投票狀況」

3　根據2021年眾議院選舉的出口調查，各年齡層的自民黨支持率

NHK：18、19歲：43%，20多歲：41%，30多歲：39%，4、50歲：36%，60多歲：34%，70歲以上：38%

朝日新聞：10多歲：42%，20多歲：40%，30多歲：37%，4、50歲：35%，60多歲：33%，70歲以上：37%

日本經濟新聞：10多歲：36.3%，20多歲：36.7%，30多歲：38.2%，50多歲：36.7%，60多歲：30.5%，70歲以上：31.6%

4　實際有項模擬顯示，2019年的參議院選舉就算年輕人的投票率提升，也幾乎不會對選舉結果帶來任何改變。徐東輝《如果年輕人的投票率提升，參議院選舉會有什麼改變？》（選舉.com，2019年）

5　我要為隨口說出「三流小說」道歉。光是以日語來說，就有井上廈的《吉里吉里人》、村上龍《希望之國》、島田雅彥《女人浮出，男人沉沒》等談到獨立國家的小說。

6　堺屋太一《團塊世代》（講談社，1976年）。

7　說個題外話，在日本，不論是虛構，還是非虛構，幾乎都沒有描寫政治人物的電影。我認為這表示沒有政治人物能像畫一樣好看。

8　Snyder,T. On Tyrany: Twenty Lessons from the Twentieth Century. Crown,2017.（《暴政：掌控關鍵年代的獨裁風潮，洞悉時代之惡的20堂課》，2017年）

目錄

——22世紀的民主主義

第一章 故障

第二章　鬥爭

改造政治人物

第三章　逃離

第四章　構想

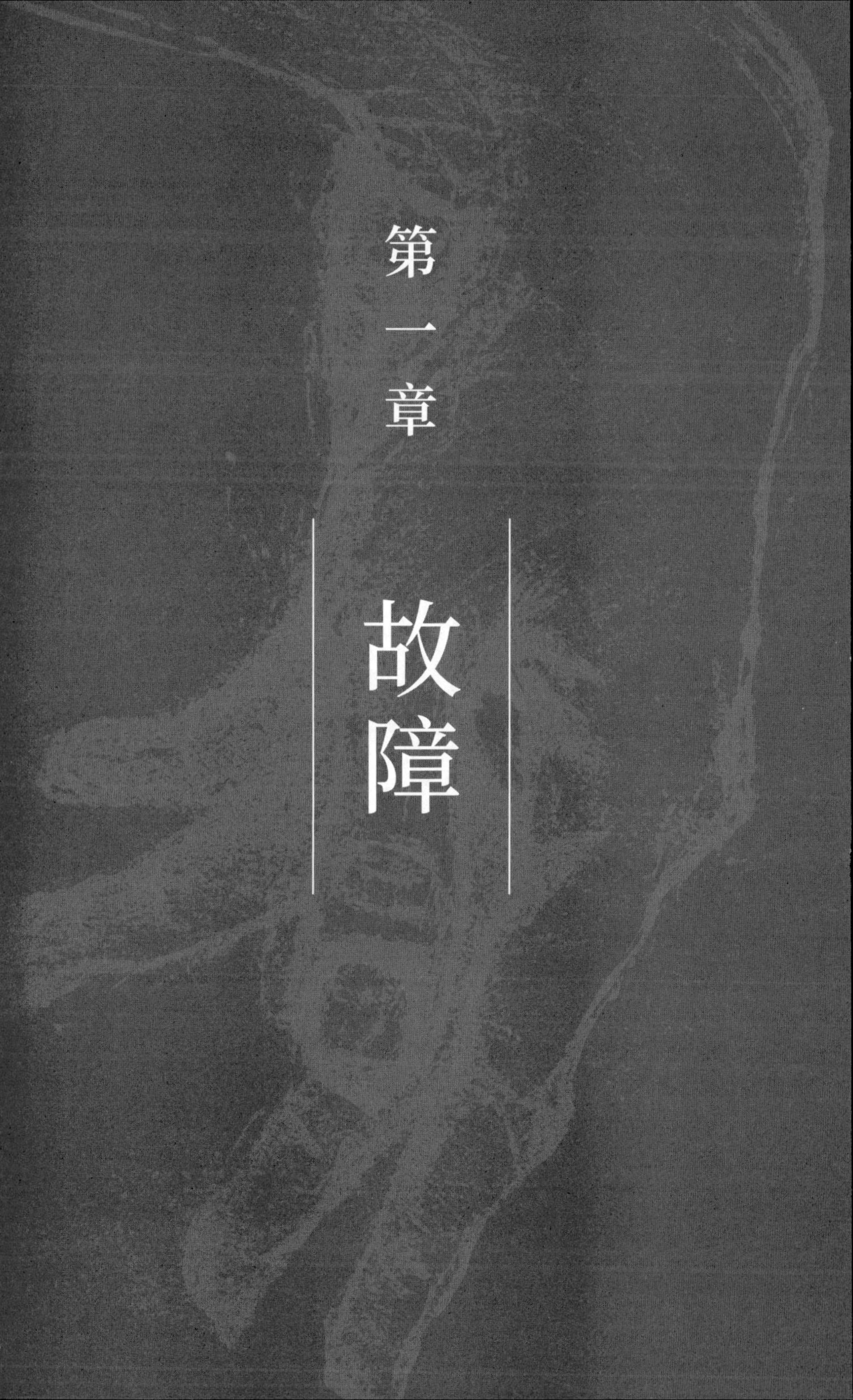

第一章

故障

提問

「民主主義是最糟的政治形態，除了那些過去嘗試過的民主主義以外的所有政治形態。」

虛有其名的邱吉爾說過的這句名言，至今仍舊正確嗎？現今世界上的民主國家帶有怎樣的舊疾呢？

表1：像傻瓜一樣單純化的兩個「主義」

資本主義	民主主義
靠強者、異常值來驅動	靠弱者、中央值來驅動
排除和占有	包容與共存
一錢一票	一人一票
富者愈富	傻瓜與天才同樣是人
「成長」	「分配」

○□主義與□○主義

驅策人們的是主義（ism）。說到經濟，就想到「資本主義」，說到政治，就想到「民主主義」。歐美和東亞被前所未有的安全與豐饒的泡沫包覆，讓人聯想到暴風雨前的寧靜，而對這半世紀才出生在這些國家的人們來說，前面那句話從小就聽了不下數千遍，早已是連狗都不理的口號了。也常有人將這兩者合在一起，說成民主資本主義（democratic capitalism），或是市場民主主義（market democracy）。

但仔細想想，這樣的組合真的很奇怪。簡

單來說，資本主義是強者封閉的結構，而民主主義是弱者開啟的結構（表1）。

大致來說，在資本主義經濟下，是由少數聰明的強者打造出事業，從群眾那裡吸取資源。以私人所有權來框住自己的事業和從中衍生出的利益，發揮資本市場複利的力量，把窮人晾在一旁。如果沒有戰爭、瘟疫、革命，只會富者愈富。描述資本主義這套經驗法則的書，從皮凱提（Thomas Piketty）的《二十一世紀資本論[1]》，到席代爾（Walter Scheidel）的《平等的暴政：戰爭、革命、崩潰與瘟疫，暴力與不平等的人類大歷史[2]》，不勝枚舉。這種受強者和異常值驅動的結構，就是資本主義。

民主主義則正好相反。話說回來，民主主義是什麼？民主主義（democracy）的語源是希臘語的 dēmokratía，是「民眾」和「人民」含意的 dēmos，與「權力」和「支配」含意的 krátos 組合而成[3]。意思是「人民權力」「民眾支配」。

民眾支配是由各種零件構成。其中一個零件，是擁有不同性質的想法和利害關係的人們或組織可以參與政治，一邊相互競爭、交涉、妥協，一邊抑制過度權力集中的機制。它的象徵性代表，是將權限分散到執行／行政機構（政府）、立法機構（國會）、司法機構（最高法院），以及無數的監視機構。另一個零件是選舉。透過自由、公正的普通選舉，選民的意思（民意）約束政策決定者，民眾藉此得以支配。從旁監視，由下而上的各種力量會規定於憲法中，形成無法輕易解除這種機制的狀態，這正是民主主義典型的形態。

不論是怎樣的天才或笨蛋，億萬富翁或無業的寄生蟲，在選舉中同樣被賜與一票。不論是資訊弱勢，還是窮人，也都能憑著「因為我就是這麼想」，而扭轉選情，這是民主主義的長處，也是缺點。平均值和中央值變得很重要。它造成的結果是，在現今靠退休金生活的人幾乎占總投票人口一半的日本和諸多先進國家，如果施行民主主義[4]，就會去揣測老人的偏好，來推動各項事務。

民主主義與資本主義看起來像是背道而馳，互扯後腿。為什麼油和水可以交混在一起呢？

人類從有這個世界開始就發現一件事。那就是——人們的能力、運氣、資源，極度的不平等。而麻煩的是，在技術、知識、事業的革新局面上，不平等更是表現活躍。因此，如果要否定嚴重的不平等，那就是否定進步和繁榮、否定技術革新，如同是主張一個假想現實。

只要是從事過科學技術開發的人就會知道，最高品質的研究者或是工程師，他們的創造性和生產性，抵得上一千個凡人。

誠實的資本主義市場競爭，會將能力、運氣、資源的差距變換成更大的差距。這樣的世界很痛苦。富者只要再搭配讓自己更加富有的複利魔力，社會差距便會隨著時間一直加大，一般人過得更加痛苦。為了忘卻這種痛苦，人們拿出的止痛劑，應該就是凡人所開啟的民主主義吧[5]。

與它接近的看法，從民主主義的一開始就已存在。例如民主主義初生時，曾在一旁觀察的柏拉圖，寫下了《理想國》[6]。當貧富差距過大時，窮人就會企圖對富人造反。在造反中獲勝的貧窮大眾握有支配權時，其所建立的政治制度，就是民主國家。柏拉圖認為這種民主化，是被優秀人才支配的理想國家墮落的展現。而判處柏拉圖的老師蘇格拉底死刑的，正是民主國家，從這點也看得出來。

民主主義那種虛有其表的理想主義式想法，可說是將凡人的嫉妒正當化。近代民主主義的劃時代改變，在於那些甜美的表面話，不再只是表面話，但也不是像要讓表面話變成真心話一樣，向人洗腦，挑戰不可能的任務，而是以它當作符合眾人同意的社會契約，將表面話當作既定的規則[7]。

安撫資本主義這匹悍馬的民主主義韁繩……這種躁鬱的拉鋸，是一般選舉普及後的這數十年間的民主社會模式圖。可以天真地對它做一番歸納，資本主義負責做出更大的麵包，民主主義則負責分配完成的麵包。這樣雖然過於單純，但過於單純的歸納，有它的優點。

打結的兩人三腳：民主主義這個負擔

不過，躁鬱失衡的情況，即將變成只有躁，因為**資本主義一再加速，民主主義宛如罹患重症**。本世紀的政治，透過蓬勃的網路和社群網站，開始做起草根全球民主主義的夢想。二〇〇〇年時，人們常滿懷期望的說著對未來的展望，期許透過網路展開多人雙方溝通，能實現直接民主主義的究極形態。

然而，現實是殘酷的。透過網路的民眾動員，理應能實現夢想的中東民主化運動「阿拉伯之春」，卻只是綻放出短暫的火花，便失敗收場，結果就是不進反退[8]。倒不如說，民眾都深信，是網路上四處擴散的煽動、假新聞、陰謀論，逐步侵蝕了選舉，而在北美、南美、歐洲，不斷出現鼓吹民粹主義的政治家[9]。像前美國總統川普、巴西的波索納洛總統，就是搞笑藝人兼政治人物的代表象徵。

民主主義接連敗北。這是二十一世紀這二十一年來給人的印象。像《民主主義的死法》《民主主義的崩毀方式》《權威主義的誘惑：民主政治的黃昏》這類的書，透過一些平時只想取低調書名的一流學者們，陸續在英語圈國家出版，也加深了這個印象[10]。

實際上，民主主義一直在後退（backsliding）。進入本世紀後，政治制度轉向非民主化、專制化的國家增加，住在專制國家、非民主國家的人成了多數派。這種傾向在這五～十年進一步加速[11]。

如今，民主主義是這世界的負擔嗎？還是說，民主主義只是因為偶然，或是被迫承擔其他非歸因於民主主義的責任？

看來，民主主義正是令二十一世紀的經濟頭疼的問題兒童。這是我和耶魯大學的大學生須藤亞美小姐獨自進行資料分析後所得到的發現。**愈是會傾聽輿論的民主主義國家，在進入本世紀後，經濟成長愈是持續低迷**（圖 1）[12]。

圖 1 的橫軸，是用來表示該國政治制度的民主主義到什麼程度的「民主

圖1：愈是民主國家，2001～19年的經濟成長愈是低迷

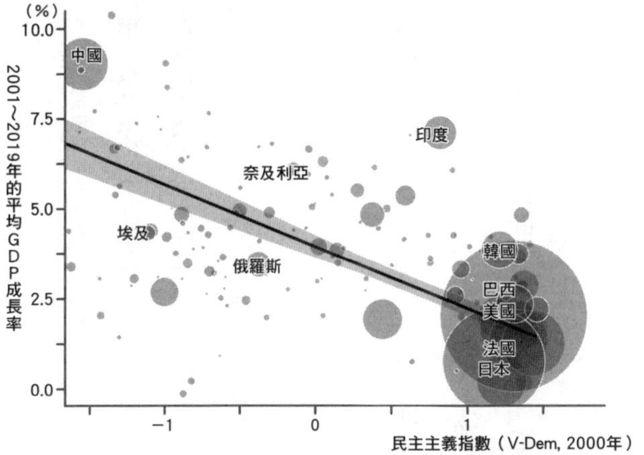

※圓的大小，表示2000年時的GDP大小。粗線是用來表示平均關係的迴歸線，灰色的區塊是表示95%的信賴區間。民主主義指數的單位採標準偏差值。「0」表示是民主主義程度平均的國家，「1」表示民主主義程度比平均高1個標準偏差（以偏差值換算為10）的國家。

主義指數」。是瑞典發起的「多元民主（Varieties of Democracy，通稱V-Dem）」計畫所製作。綜合結社和表現的自由、公正的選舉等項目，做出指數[13]。另一方面，縱軸是二〇〇一～二〇一九年間的平均GDP成長率。從中得知民主主義與經濟成長之間有負相關，愈是民主國家，成長愈是趨緩。不管要重視哪個國家，改變其加權，就算將民主主義指數改成其他機構製作的

項目，或是將總 GDP 改成平均每人的 GDP，結果幾乎也不會有什麼改變[14]。

只要談到「愈是傾聽輿論的民主主義國家，在本世紀的經濟成長愈緩慢」這件事，就會馬上湧來鄙視的眼神，或是謾罵的回覆。人們怒吼道「不過只是表面上有點相關，少在那裡洋洋得意，你這個低能兒！」。的確，這樣的相關並非因果，雖說民主主義與經濟成長之間有負相關，但不見得就是民主主義造就出經濟停滯。

但藉由進一步分析後，就會逐漸地明白，民主主義正是導致這種失敗的原因。圖 1 所示的民主主義與經濟成長之間的關係，似乎也存在著明確的因果關係。不過，這方面的分析會有一點專業門檻。熱中於此的讀者可以去嘗試閱讀原論文。

經濟低迷的龍頭，當然就是日本，但可不光只有日本。歐美和南美的大部分民主國家，幾乎也是半斤八兩，從全球來看，經濟處在停滯狀態。相反的，非民主陣營則是成長驚人。飛快成長的龍頭是我們的鄰國，但也不光只有中國。不只中國，像東南亞、中東、非洲等非民主國家的躍進也相當顯著。這種堪稱是「民主世界失落的二十年」的現象，就算將中國和美國屏除在分析對象外，或是摒除G7諸國，也一樣成立，不論哪個大陸和地區也都是同樣的情形。這是全球性的現象。

面對「民主世界失落的二十年」，或許馬上會湧現一個疑問。懷疑這是否單純只是富裕的民主國家成長期結束，處在飽和狀態呢？

然而，情況並非如此。舉例來說，我們試著以二〇〇〇年時處在同樣GDP水準的民主國家與專制國家來比較。結果發現，在原本同樣富裕的國家之間，愈是民主國家，經濟成長愈是緩慢。背後似乎有什麼正在發生，無法光憑一句「原本就富裕的國家，成長率低是理所當然」來加以說明。

蓋茨比的困惑，又一個失落的二十年

而「原本就富裕的國家，成長率低是理所當然」，這個乍看之下理所當然的說明，其實只是自以為是。在一九六〇～一九九〇年代，富裕的民主國家向來都以自己的成長率和貧窮的專制國家一樣，或是更高而自豪。尤其是以平均每人的 GDP 成長率來看，一直到一九九〇年代為止，始終都有「愈是富裕的國家，成長率愈高」的傾向。

「有一件事是可以確定的。再也沒有比這更確定的事了。那就是富者愈富。窮人能增加的，就只有孩子。」

（法蘭西斯・史考特・費茲傑羅《了不起的蓋茨比（大亨小傳）》[15]）

就像蓋茨比這句充滿優越感的話一樣，在和平的時候，資本主義的經驗法則一直到二十世紀都管用。的確，在民主國家，法律支配一切，財產權也受到完善的保障。只要有這樣的安心感，就不必擔心會有什麼大人物或可怕的人物突然出現，財產就此被沒收，能專注地投入事業和投資中。結果造成愈是民主國家，經濟成長愈是蓬勃，這也是合情合理。這種情況，一直都發生在前一個世紀前。

而這種傾向在二十世紀初期左右消失，貧窮的專制國家開始猛力追趕富裕的民主國家。政治制度與經濟成長的關係，產生根本性地變質。在這層含意下，民主主義失落的二十年，是二十世紀末見，二十一世紀特有的現象。

昔日目睹過冷戰結束的政治學家法蘭西斯·福山，於一九八九年宣告民主主義與資本主義結婚，造就了「歷史的終結」[16]。而諷刺的是，就從他做出這個宣告的時候開始，民主主義與經濟成長展開的兩人三腳，便開始打結而邁不開步子。歷史的終結，只是另一個新歷史的開始。

福山並非對此毫無自覺。他就像一位因虔信而犯罪的人一樣，四處散播這種思慮淺薄的「歷史的終結」故事，而在二十年後的二〇一一年出版的《政治秩序的起源》一書中，已看不到像「歷史的終結」這種經過單純簡化的英雄式歷史觀[17]。反而是以更加批判和積極的態度，來討論(1)法律的支配、(2)強大的近代國家、(3)說明責任，這三個政治秩序的抽象成分該如何分配，才能建立出理想的政治秩序。

受感染的是民主主義：人命和經濟都一樣

壞消息接連傳出。遭惡疾侵蝕，長達二十年的民主主義，又遭到致命的一擊。那就是新冠疫情。在自由女神守護下的紐約，死於新冠的遺體堆積如山的光景，記憶猶新。

形成強烈對比的，是很早便成功封鎖新冠病毒，年輕人享受三密（※密閉、密集、密切接觸。）派對的身影。新冠疫情爆發時，美中的強烈對比，讓人忍不住心想「染上病毒的難道是民主主義？」（《紐約時報》）[18]。

美國人的失敗，就像外行人演的戲，只重表面，沒有裡子，與中國的成功形成對比。這也是民主主義的副作用嗎？我也試著將我們的分析套用在新冠疫情下的資料中。結果從中得知，二〇二〇年殺害人命和經濟的凶手，同樣也是民主

圖 2(A)：愈是民主國家，在新冠疫情初期愈是深受其害

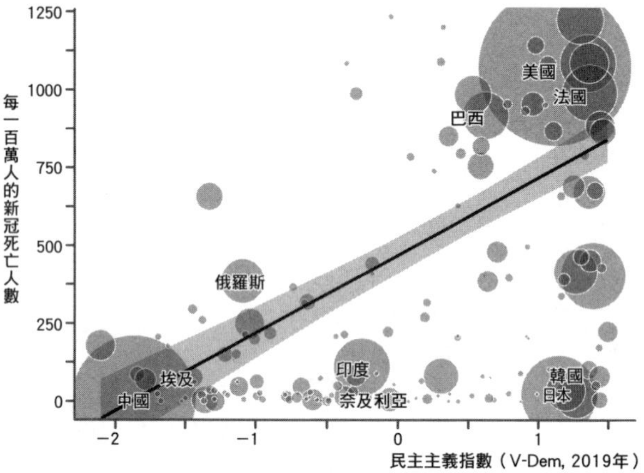

※ 圓的大小，表示 2019 年時的 GDP 大小。粗線是用來表示平均關係的迴歸線，灰色的區塊是表示 95%的信賴區間。
另一方面，位於左下的中國，在初期成功封鎖新冠疫情。更有趣的是，像中東、非洲這種貴族主義或軍事主義的非民主國家，很多也都控制住新冠疫情。

主義。愈是民主國家，有愈多人死於新冠，二〇一九年到二〇二〇年這段時間經濟下滑的情形也愈嚴重（圖2(A)）。

在此，我們再來看看橫軸的各國民主主義程度，以及縱軸的二〇二〇年人口每一百萬人的新冠死亡人數。從中得知，民主主義與新冠死亡人數有緊密的正相關。像美國、法國、巴西這種堪

圖 2(B)：愈是民主國家，在新冠疫情初期愈是深受其害

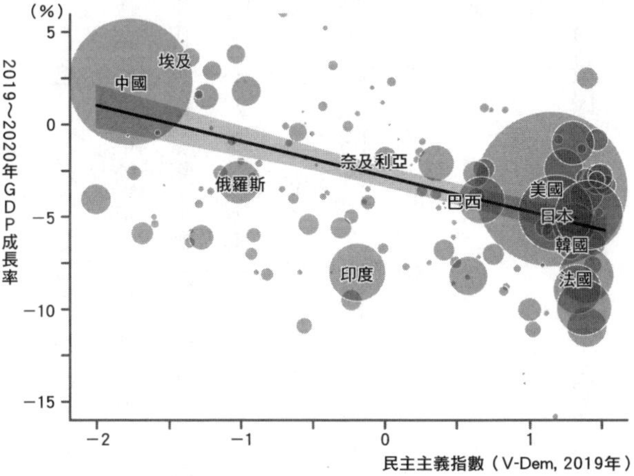

※ 圓的大小，表示 2019 年時的 GDP 大小。粗線是用來表示平均關係的迴歸線，灰色的區塊是表示 95%的信賴區間。

稱是民主主義代表的國家，位於右上的位置，被新冠整得七葷八素。巴西總統甚至還說「打了新冠疫苗，恐怕會變成鱷魚」，呼籲民眾別施打疫苗[19]。

另一方面，位於左下的中國，在初期就成功封鎖新冠疫情。更有趣的是，像中東、非洲這種貴族主義，或是軍事主義的非民主國家，很多也都控制住

新冠疫情。

不過，光這樣顯得說服力薄弱。因為專制國家所發表的新冠死亡人數資料，或許可信度低[20]。但類似的民主主義詛咒，其實在經濟上也是同樣的情況。我們試著將縱軸的新冠死亡人數，替換成二〇一九年～二〇二〇年的經濟成長率，以這樣來觀察。結果發現，民主主義與經濟成長有明顯的負相關（圖 2 (B)）。與看得出它跟新冠疫情前的二〇〇一～二〇一九年平均 GDP 成長率關係的圖 1，有驚人的類似傾向。唯一的差異在於，與二〇〇一～二〇一九年的和平時期相比，二〇一九～二〇二〇年的 GDP 成長率，全都降低了約 5%。

愈是民主主義國家，失去愈多生命和錢財。而新冠疫情初期，民主國家的失敗，同樣也表現出是民主主義引發這樣的後果。**在新冠疫情初期常會討論到「要救人命還是經濟」這種二選一（權衡）的議題，可能也意謂著搞錯了方向。**事實上，只有人命與經濟都能解救的國家，以及人命與經濟都通殺的國家這兩種。

超越衆愚論

為什麼民主主義會失敗？在二〇一九年之前一直是歐盟執委會主席的尚・克勞德・榮克（Jean-Claude Juncker）曾說過一句話。「政治人物知道該做些什麼。也知道做了該做的事，就無法當選[21]」。不知道該做什麼好的愚蠢選民侵蝕著民主主義，這個觀念就像亡靈一樣，覆蓋著一半的世界。從遠古開始，便一直苦惱著我們的眾愚論亡靈。

然而，謹慎一點看待此事吧。**只憑衆愚論是無法說明淸楚的**。就像我前面提到的，一直到二十世紀後半為止，民主國家很早就變得富裕，而在富裕後也以高經濟成長率自豪。事實上，也有各種研究指出，民主主義的政治制度，**對中世到二十世紀的這數百年來的經濟成長帶來好的影響**[22]。即使是對嬰幼兒死亡率這類的**公共衛生指標，民主主義的政治制度（尤其是引進公正的選舉）也帶來歷史性的良好影響。**這說明了有公正的選舉後，就會促使政治人物對社會上弱者的需求變得敏感，結果許多市民的公共衛生就此改善[23]。

考量到二十世紀前的這套經驗法則，原本就富裕的民主國家，他們的經濟之所以在邁入本世紀後開始陷入停滯，應該是有其超越眾愚論的原因。一個超越「因為群眾都是笨蛋」，讓本世紀固有的民主主義減速的理由。為了找出真正的理由，我們就先回頭看這民主主義失落的二十年，是個怎樣的時代吧（59頁圖3）。

圖 3：民主 vs. 非民主國家的經濟成長變遷

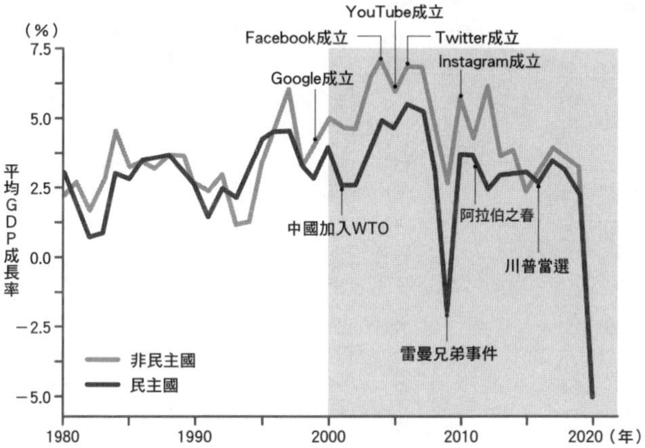

二十一世紀的追憶

民主主義失落的二十年，起始於二〇〇〇年左右，也不知是偶然還是必然，剛好與執世界經濟牛耳的獨占IT平臺企業蓬勃的時期重疊。亞馬遜創業於一九九四年，Google誕生於一九九八年。

之後發生了同樣重大，但不太顯眼的事。那就是另一個日後的超級強權中國，加入了WTO（世界貿易組織）。乍看是一件不起眼的事，但這對世界經濟帶來強烈的衝擊。

這二十年來，美國的製造業下滑，數百萬人失業。有研究指出，這當中有很大的一部分，可用中國加入 WTO 和之後中國貿易暴增來加以說明[24]。甚至有研究指出，中國加入 WTO 所象徵的「中國震撼」，從美國昔日製造業勞工所形成的「中產階級」手中奪走他們的工作，擴大社會差距與分歧，結果埋下二〇一六年川普總統誕生的遠因[25]。

與中國的影響力爆增並行的，是 IT 平臺企業的生態也隨之深化。二〇〇五年時，第二世代的 Facebook、YouTube、Twitter 等企業誕生，社群網站、社交媒體革命就此展開。

接著危機來襲。二〇〇八年雷曼兄弟事件（金融危機）發生的時期，是民主國家在經濟上的失敗特別顯著的一年。陷入經濟危機中的國家，全都是民主國家，民主vs.非民主國家的經濟成長率拉開最大的差距，是在二〇〇九年。

其實不光雷曼兄弟事件。以過去兩百年間的世界各國為對象展開分析後發現，愈是民主國家，愈容易引發金融危機[26]。例如銀行的擠兌風波，以及關閉、合併、國有化等危機。由於各種機構和輿論相互監視，一直延後因應，是引發問題的原因。

危機一直持續。緊接著二〇一〇年引發阿拉伯之春。時至今日幾乎都已被人遺忘，不過透過網路、手機、智慧型手機，在中東、北非引發的多國籍民主化運動雖然引來全球的關注，但不到一年就失敗收場。這股風潮反而就此逆流，造成專制政權強化、內戰爆發，引發悲劇。

網路與政治的化學反應，隨著時間不斷推進愈演愈烈，其後因二〇一六年英國公投決定脫歐（Brexit），以及川普總統的誕生，而就此爆發。接著新冠疫情造訪。過去數十年間，民主國家遭受這些事件的洗禮，在經濟方面仍舊持續痙攣。

人們從以前就觀察到，代議制民主主義很不擅長應付緊急事態。然而，從過去的分析中得知，民主主義失落的二十年，並非是只有在新冠疫情和雷曼兄弟事件這種非常情況下才有的現象。在其他平常的時候，民主主義也都處在痙攣的狀態。不論是在緊急狀況下，還是在和平的時候。

「惡化」的解剖學：煽動、憎恨、分裂、封閉

那麼，二十一世紀最早的二十一年間，到底是什麼令民主國家成長減速呢？從剛才提到的二十一世紀回想與資料中，會逐漸浮現提示。那就是**隨著網路和社**

群網站的深植，引發民主主義的「惡化」。在變得封閉且目光淺短的民主國家下，資本投資以及進出口等等的未來，以及由他人開創的經濟主電源，都很微弱，這就是它的結構。

「惡化」一詞活躍於媒體上，已有好久一段時間了。「民主主義的惡化」「社會的惡化」……不光只有亞洲，在歐美也有類似的擔憂。籠罩成熟且富裕的民主世界，本世紀的中年危機，似乎就是「惡化」。

但「民主主義的惡化」到底是什麼？有人曾經談到民主國家的表現以及報導自由的下滑令人憂心。而因為這二、三十年的資訊傳播技術革命，在「民主主義」中引發的資訊流通、討論交流，也產生很大的改變。大致來說，透過網路和社群網站，政治可以更快速，且強而有力地對人們的聲音做出反應。但也擔心藉此來煽動、分裂群眾的傾向會變得更強烈。

圖 4：當作宣傳、收視率遊戲來玩的政治

的確，政治被電視、社群網站上的宣傳遊戲所侵蝕，一味地過度激化，給人這樣的深刻印象。當中的象徵性人物，有川普總統、南美和歐洲的「迷你川普」這類的領導人。樹立一個假想敵來加以貶損的言行、雖然不科學，但信心滿滿的發文，可藉此吸引群眾的目光，大幅提升知名度，所以才會在選舉中勝出。我自己最近每天也都看了不少帶有陰謀論的內容，對那些在陰謀論下中招，熱血沸騰的人們產生共鳴，真是傷腦筋。

發言或方針是否正確，不是那麼重要，能持續露臉，持續出現在新聞標題上，這才重要。不過，政治人物都很熱中於玩這種膽小鬼賽局，在不跌落神壇的極限下，看能持續提出讓人印象深刻的偏激言論到什麼程度。

話雖如此，如果只是這樣，終究只算是印象論或小故事。為了掌握實際情況，而非只是皮毛，我們也一併看看資料吧。剛才分析的民主主義指數，開發出這項指數的「多元民主（V-Dem）計畫」，以各種指標對民主主義與專制主義的現狀展開定點觀測，並從世界各國收集這項資料。

從 V-Dem 的資料中可以看出一件事：那就是打從邁入本世紀以後，構成民主主義主軸的要素已開始崩毀。我們來看看以下這些民主主義面對的典型威脅吧。

(1)政黨或政治人物的民粹式言行
(2)政黨或政治人物的仇恨言論
(3)政治性思想、意識形態的分裂（兩極化）
(4)保護主義政策造成的貿易自由限制

首先我們看出，這所有的威脅都是在邁入本世紀後才開始全球性地提高。這個傾向在二〇一〇年後尤為顯著。有趣的是**像(1)~(4)這種對民主主義的威脅提高，在原本就是民主主義的國家特別嚴重。**69頁的圖5便可看出這點。橫軸顯示各國的民主主義程度，縱軸顯示各國過去二十年間，在(1)~(4)方面的變化（增加）。可以看出兩者之間有清楚的正相關。

換句話說，愈是民主主義國家，對民主主義的威脅就愈高。這個傾向不光只有美國才有，從所有民主國家都看得到。應該說，美國並非屬於異常值，它算是很平均的案例，像德國等其他民主國家更能看出極度的民主主義惡化傾向。傳統民主國家的民主主義似乎確實有惡化的現象。

失敗的本質

不光是政治惡化。從中看出，因為與民主國家的民主主義惡化產生連動，民主國家的事業活動和經濟政策也起了變化。

一是**邁入二〇〇〇年代後，愈是民主國家，貿易的成長愈遲緩。**與剛才提到，因本國至上主義而採取保護主義式的貿易政策這樣的結果剛好一致。

其具有象徵性的小故事，便是川普前總統發起的威脅風波。那起事件的開端，是美國的汽車製造商將製造據點遷往墨西哥等其他國家，川普當著他們經營高層的面威脅道「把工廠遷回美國，不然我會課你們很重的關稅」[27]。這是有可能會列在世界史教科書上的一個極端案例，不過，從資料上也看得出來，民主世界整體的進出口成長都陷入了停滯。

二，愈是民主國家的企業，對資本和設備的投資愈是停滯不前。也許是因為以短期收益優先，難以看準未來展開投資活動。或者也能看作是政治意識形態的分裂嚴重，像川普這種高喊極端政策的政治人物也有增無減，看不出未來的稅制和貿易政策會如何改變，對投資和貿易顯得怯縮不前。

圖 5：越是民主國家，民主主義的「惡化」越嚴重

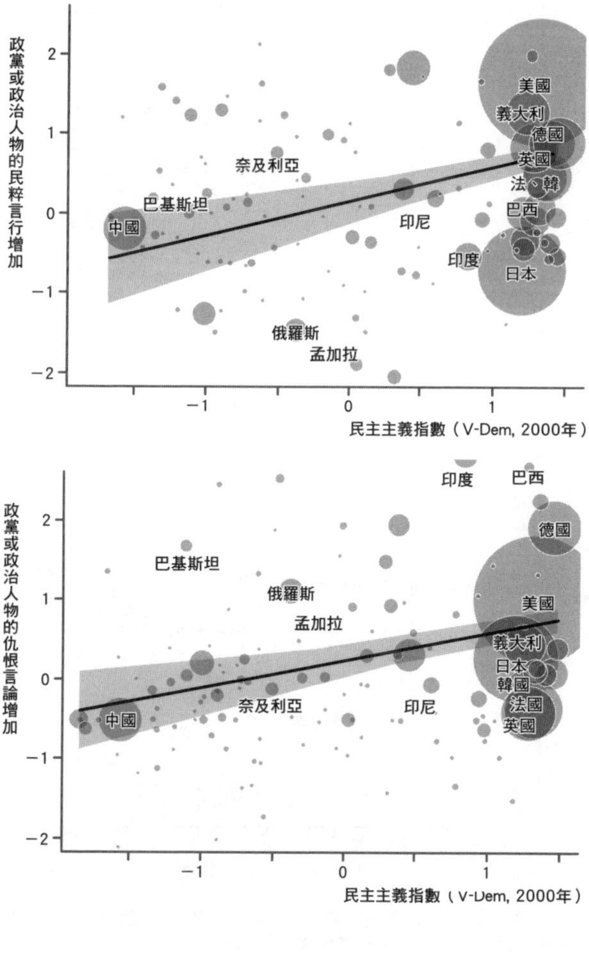

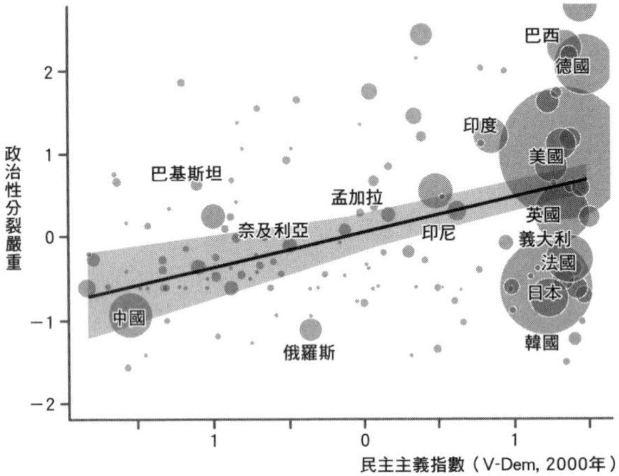

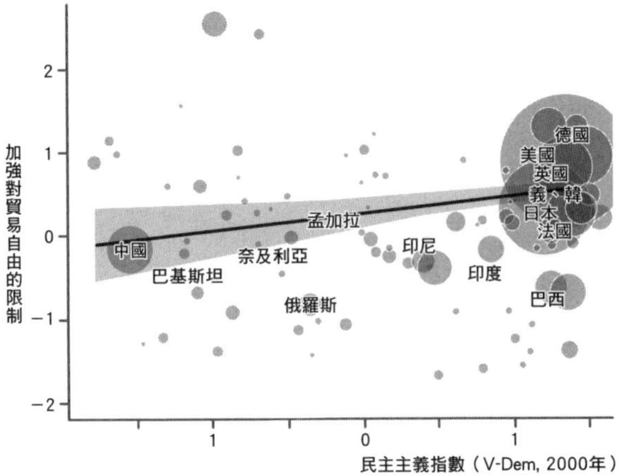

※ 縱軸、橫軸的單位都是採標準偏差值。「0」表示是縱軸變化程度平均的國家，「1」表示是縱軸變化程度比平均高 1 個標準偏差（以偏差值換算為 10）的國家。

圖 6：民主國家的經濟停滯解剖圖

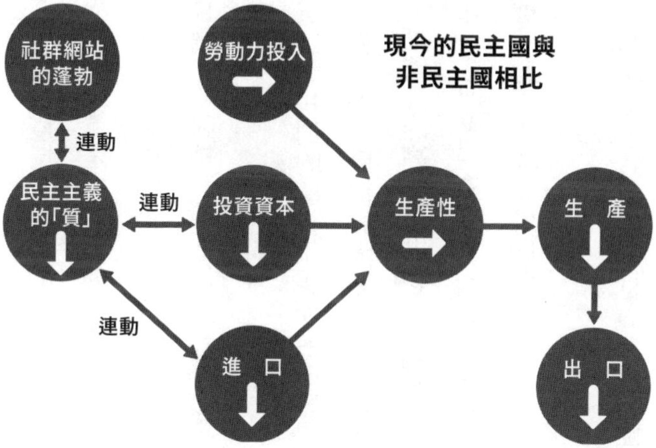

隨著資訊傳播產業的興盛而惡化的民主主義，將封閉又目光短淺的氣氛深植在民主國家中。在連動效應下，民主國家自從邁入本世紀後，不論是投資還是進出口，都成長不如預期。而且民主國家的製造業、服務業，生產性也都停滯不前。像投資和進口這類的輸入停滯，勞動力投入在轉換為輸出時，生產性也難以提升——這些主要原因層層交疊，使得民主國家的經濟成長陷入停滯（圖6）。其最根本的結構就此浮現。

至於新冠疫情大流行的二〇二〇~二〇二一年，又是怎樣的情形呢？不論是在經濟方面，還是人命方面，民主國家在新冠疫情初期全都失敗，這在前面已經提過。為什麼？原因更為明確。從各種資料可看出，愈是民主國家，愈無法採取全面且徹底的封控政策，這是其敗因。

這是與我們的感覺不謀而合的結果。例如比爾．蓋茲在二〇一五年的 TED 演講中說「下一場世界大戰將是與病毒的戰爭。而人類還沒對這場戰爭做好準備」，以驚人的高解析度預言了像新冠疫情這樣的傳染病所帶來的混亂，此事廣為人知[28]。而歐巴馬政權交接給川普政權的重要項目，便是日後將會面臨的傳染病危機，此事也成為公開的資訊[29]。

身為民主主義象徵的世界第一大國的居民，同時也是世上最具影響力的經濟人和政治人物，老早就已提出具體的提議。儘管如此，美國和其他民主國家幾乎都對這樣的警告視若無睹。

類似的感覺遲鈍，在新冠疫情開始後，仍舊持續。專制國家的封控政策，民主國家基於法律的權限，要直接模仿有所困難。但也有較小的局部成功案例。例如我的母校麻省理工學院（MIT）等大學或企業，馬上自費建立一套 PCR 檢查體制，將食堂或自助餐廳改成 PCR 檢查處，驗出的結果與個人身分系統連結，打造出一套建築物大門只為持有陰性證明的相關人士開啟的大學校園中央集權管理體制。結果大學校園裡的感染人數持續低空飛過[30]。這樣的成功案例雖是在民間，但能由自治體或政府主導，重現這種做法並擴大其規模的民主國家，可說是幾乎沒有。

回顧面對新冠疫情這種危機，許多民主國家是如何疲軟，我想起傳奇的日本喜劇演員（立川談志）說過的這樣一句話：

「不是酒讓人變得沒用。這讓我們知道，是人自己原本就沒用。」

我甚至覺得，這句話同樣也能套用在民主主義上。

「不是民主主義讓人變得沒用。這讓我們知道，是人自己原本就沒用。」

透過被網路和社群網站擦得過度晶亮的民主主義這面鏡子，政治清楚映照出輿論這個生物的原貌，連毛細孔都一清二楚。人類這個集團有多麼優柔寡斷，多麼沒有幹勁，在民主國家底下，就像完全攤在陽光底下一樣清楚明白。這也許是二〇二〇年到二〇二一年的新冠疫情帶給我們的教訓之一。

不過，自從疫苗普及後，二〇二一～二〇二二年這段時間，情況有了很大的改變，這點也希望各位注意。許多民主國家達成疫苗的高接種率，而另一方面，中國等國家初期成功封控，但也因為這樣，疫苗接種遲遲沒進展，感染人數和死亡人數攀升，封城的混亂一直持續。這或許也可說是發生了某種「革新的窘境」。

對於民主主義在整個新冠疫情中所扮演的角色，應該等幾年後，它對總體經濟和公共衛生的最終影響資料都齊備後，再來做結論。

速度與政治21：社交媒體帶來的變奏

不論是平時，還是情況危急時，該堅持的地方無法馬上堅持，民主國家的這種不乾不脆的一面逐漸浮現。若深入細究會發現，像病毒感染、網路軟體商務的成長、金融危機、網路上的資訊散播等，二十一世紀的主要成分都有其共通點。以超越常人直覺的速度和規模，爆發出後續反應。有像用戶流量爆炸一樣的良性爆炸，也有像爆發傳染一樣的惡性爆炸。在這樣的世界裡，在爆炸發生「前」，能否以徹底的投資和對策，暫時性地承受強烈的痛苦和赤字，將會是成功的關鍵。面對乍看像是極度浪費的赤字和痛苦，需要有勇敢闖入的反社會人格。

為了抵抗凡人平時的感覺，承受這樣的痛苦，人類所創造出的求生縫隙，就是創投產業和緊急事態條款。然而，這樣的求生縫隙，終究只是求生縫隙。

「人類最大的發明是複利，懂它的人靠複利賺錢，不懂的人則是繳利息。」

據說這是愛因斯坦的名言。病毒、假新聞、誹謗中傷在社會上四處橫行，像循環貸款的複利一樣愈滾愈大。不過，先進國家的人們所受的義務教育，數十年來幾乎沒什麼改變，最後人類不斷變成「不懂的人」。

在二十一世紀的世界，爆發出應該以超人的速度和規模去解決的問題，而只能以凡人平常的感覺（＝輿論）去揣測的民主主義，也許注定只能失敗收場[31]。這可稱作是**根據二十一世紀的現狀來更新過軟體的衆愚論。**看起來也像是一半的世界被迫透過民主主義，以錢財和性命來支付政治稅金和利息。

「在小選區要是認真做事，票數反而會減少」

「在小選區要是認真做事，票數反而會減少」。這是我與日本知名的前大藏官僚、現任國會議員（片山皋月）交談時，她說過的話[32]。

的確，因選舉這層關係而綁在一起的選民和議員（政治人物），他們組成的兩人三腳關係相當脆弱。因為議員或政治人物，最怕要做出會對選民帶來痛苦的立即決策或是為未來著想的改革，而違反民眾直覺的專家判斷和技術性判斷，他們往往也會避而遠之。

為什麼國家應該對幾乎沒什麼人感興趣的科學技術和高等教育投資呢？金融機構明明是造成金融危機的源頭，身陷危機也是自作自受，但還是應該要解救他們，這是為什麼？傳染病大流行的初期，就算要強制結束社會經濟，也要盡可能早點採取封控政策，這又是為什麼？

這些問題的正確答案是 YES 還是 NO，我不知道。不過，不管正確答案是哪一個，要說明它為何正確，是很困難的事。在效果顯現之前，得花很長的時間，一旦疏於採取對策，問題就會突然（呈指數函數圖形）惡化，這問題一般民眾（＝選民）要加以理解，有其困難。正因為困難，所以才會有思考這些問題的科學和專家存在。

就連「專家」也不知道正確答案，或是沒有根據，這是常有的事。更何況是在電視上只給三十秒的時間，要求政治人物只能用國中生也聽得懂的用語來說明，說服觀眾接受，這根本就是強人所難。

而另一方面，如果是眼前提振景氣的對策或補助款，只要現場將鈔票擺出來，馬上就能說明它的意義和效果。政治人物往往會靠向容易說明的政策，並非因為政治人物是笨蛋，或是黑心。水往低處流，是很自然的現象。這項法則在網路和社群網站上被強化，在技術以及社會的複雜度和加速度都不斷提升的這個世紀，變得愈來愈嚴重。民主主義受詛咒的原因，在於「被輿論監視的政治人物，該堅持的地方無法堅持，這個傾向因網路和社群網站而更加惡化」這個問題。

煽動者、納粹、社群網站

回顧歷史，民主主義從數千年前起便始終都是很不自然的思想，一種奇怪的制度。到底誰會想將可以左右人們的生活，甚至是生命的致命決定，交給來路不明的街頭一般民眾所做的問卷去決定呢？而對民主主義的絕望，是人類的老毛病。立憲民主運動所葬送的封建領主及貴族，他們確實蠻橫，但要相信民主主義所造就的群眾蠻橫會比他們來得好，理由實在很薄弱。亞理斯多德在西元前所寫的《政治學》也說[33]「獨裁制是源自於極端的民主制」。

話說回來，西元前的古代雅典，人們認為其民主主義相當蓬勃，而它本身也是民主主義失敗的最早案例。與現今的國家或大都市相比，人口並不算多的雅典，十八歲以上的男性市民都能參加名為「公民大會」的最高決議機關，實現了直接民主制（只限成年男性）。

然而，在背後促成民主制度引進的指導者伯里克里斯過世後，人稱「demagogue」的煽動政治人物不斷增加。日文的謠言（デマ）一詞，也是源自於這種人。因為煽動者的登場，雅典淪為眾愚政治，將亞里斯多德的老師的老師——蘇格拉底，判處死刑。煽動者造就出民粹主義，這種一直延續至今的老毛病發作後，雅典的都市國家民主政治便隨之崩毀。

從那痛苦的起源經過漫長的錯誤摸索後，投群眾喜好已成為政治的全球標準規格，這是近兩百年來的一種年輕又帶有挑釁意味的現象。近代民主主義理應是一場年輕鮮活的實驗，但現在它也垂垂老矣。衰老與不成熟的相互融合，是現今民主主義的味道，同時也是中年危機。

不論理念再怎麼普遍，今日我們口中民主主義的運用，是根據數百年前的人們構思的架構。再配合中世的生活和技術環境打造而成。當時大部分人都是在自己出生的土地上成長，為了求生存，拚命地工作，很年輕便走完人生。資訊傳播的速度也慢，而且保守，感覺無從捉摸。資訊的傳播以傳聞為主，稱得上媒體的東西，大概就只有立式招牌，以及被視為奢侈品的報章雜誌，消息都是晚了數週或數月才傳來。

在那種馬馬虎虎，常會誤寄，人和資訊都不太流動的世界下，建立了民主主義。遷移或交換資訊和意見，也會耗費不少成本，所以在決定好的日子，聚在決定好的場所，提出彼此的意見，合計後發表，會舉行這樣的慶典活動應該也是很自然的一種發展。這就是選舉。醞釀出國家或共同體的一體感，擔任催化劑這種角色的慶典活動。

然而，在一百五十年～五十年前，收音機和電視等大眾媒體問世。媒體馬上開始侵蝕政治。例如德國納粹也是媒體戰略上的暴發戶。經歷過第一次世界大戰和經濟大蕭條，一九三〇年左右的德國面對嚴重疲弊的經濟與政治，共產黨以救世主之姿博得高人氣。而另一方面，也有愈來愈多人對共產黨的崛起感到畏懼。而反過來利用這種狀況的，是離菁英政治人物很遙遠，不過只算是地方政黨的納粹。

舉例來說，他們闖進共產黨的黨員集會中，引發一場大亂鬥，最後竟然還殺了共產黨員。這起事件就此登上報紙的頭版。這樣的風波一再反覆上演，納粹的名稱不斷出現在報紙上。加入納粹的人也以驚人之勢成長[34]。就如同現代的借勢行銷法。

媒體與民主主義的化學反應，與媒體一樣古老，從一百多年前就以各種樣貌變奏。不過，以前媒體少，都是單向的大眾媒體，傳播速度也不值得期待。能全力活用媒體的，只有極少部分像納粹這樣野心勃勃的人。

然而，如今的媒體講究的是社交與人，重視即時以及全球性。在所有人都擁有國際媒體的現代，所有政治人物非得成為民粹主義者不可。像川普這樣，擁有超高 PV（PageView，網頁流覽量）的民粹主義者的聲音，像陽光一樣，全年無休地朝人類頭頂傾注。因為技術進化而獲得速度和規模的民粹主義者，其光芒把選舉和政治都烤焦了。

問題不在於資訊傳播的環境改變。這是人類勢無可避的進化。**真正的問題在於資訊傳播的環境雖然起了劇烈變化，但選舉的設計和運用卻幾乎沒任何變化。**連網路投票都辦不到，投票用的一樣還是紙。「要注意紙！紙是資訊的墳墓。[35]」紙造的選舉與政治，會在民粹主義者散發的陽光面前燒成灰燼，並非偶然。

僞善的自由主義與揚惡的民粹主義形成的雲霄飛車

人類這種動物，當刻意想提出意見時，往往就會被周遭的聲音或現場的情緒、資訊給牽著走。在會議室裡徵詢意見時，一般往往只會說出好像在哪兒聽過，不會帶來什麼不良影響的話，或是與隔壁的人附和，只看得到這種逆向操作的反應。接著換到慶功宴的場景，往往都是先冷清好一陣子，之後大家才會坦然用自己的話說出心中的想法。問題在於這樣的害羞，想製造現場和諧氣氛的人性弱點，會因為大眾社群媒體而被集中和增強，就此被選舉吸收。

話說回來，選舉原本就是眾人的身心都達到同步的一場慶典，所以很適合隨著周遭的氣氛而展開同步的行動。如果是在數百年前，同步存在於小村莊內封閉的內部關係中。但現今有媒體和媒體高手存在，同步會以國家或是全球的規模來傳播。

而隨著生活和價值的分歧，政策論點也變得更加精細和多樣化，但不知為何，至今投票的對象仍只有政治人物和政策。對各種政策論點無法展開更精細的發聲。

在這種環境下，政治人物漸漸只能創造出單純明快，而且極端的個性。在個性的兩極化之下，形成了僞善的自由主義與揚惡的民粹主義的雲霄飛車，全球的政治從而陷入昏迷狀態。

資本主義一人獨走

在民主主義陷入昏迷的這段時間，失去韁繩的資本主義展開加速。區區一張猴子的插畫，價格比六本木的高樓大廈還高的 NFT（Non-Fungible Token；非同質化代幣）。銷售客為零的公司，卻以時價總額一兆日圓公開募股的 SPAC（Special Purpose Acquisition Company；特殊目的收購公司）。一個來路不明的人和穿著一件鬆垮T恤的年輕人，從零開始創造出的密碼，經過十多年的時間，成了時價總額高達十兆日圓的加密貨幣。這股風潮，彷彿一切都走向資本主義。

1. Piketty, T. Capital in the Twenty-First Century. Harvard University Press, 2014.（《二十一世紀資本論》，2014年）

2　Scheidel, W. The Great Leveler: Violence and the History of Inequality from the Stone Age to the Twenty-First Century. Princeton University Press, 2018.（《平等的暴政：戰爭、革命、崩潰與瘟疫，暴力與不平等的人類大歷史》，2019年）

3　Canfora, L. La democrazia. Storai di un' ideologia. Laterza,2008.（Democracy in Europe: A History of an Ideology. Wiley-Blackwell, 2006）橋場弦《民主主義的源流：古代雅典的實驗》（講談社，2016年）

4　2021年的眾議院選舉中，65歲以上的投票人口，推測約占總投票人口的42％。總務省「國會議員選舉按年齡分類投票狀況」

5　這是題外話，沒效率又不合理的情況很常見的大組織或大企業，或許算是另一種凡人至上主義的緩衝材。

6　柏拉圖《理想國》。

7　Rousseau, J. Du Contrat Social. 1762（《社會契約論》，1954年）

8　Feldman, N. The Arab Winter: A Tragedy. Princeton University Press, 2020.

9　Sunstein, C. #republic: Divided Democracy in the Age of Socail Media. Princeton University Press, 2017.

10　Levitsky, S., and D. Ziblart. How Democracies Die. Crown, 2018.（《民主主義的死法》新潮社，2018年）
Runciman, D. How Democracy Ends. Hachette Audio, 2018.（《民主主義的崩毀方式》白水社，2020年）
Applebaum, A. Twilight of Democracy: The Seductive Lure of Authoritarianism. Signal Books, 2020（《權威主義的誘惑：民主政治的黃昏》白水社，2021年）

11 Vanessa A. B., N. Alzada, M. Lundstedt, K. Morrison, N. Natsika, Y. Sato, H. Tai, and S. I. Lindberg. “Autocratization Changing Natures?” Democracy Report 2022. Varieties of Democracy (V-Dem) Institute (2022). Figure4

12 第一章「故障」的資料分析，是基於以下的論文。
Narita, Y. and A. Sudo. “Curse of Democracy: Evidence from the 21st Century.” Cowles Foundation Discussion Papers 2281R(2021).

13 Varieties of Democracy Project (https://www.v-dem.net)

14 不過，非民主國家的 GDP 統計，懷疑有可能會灌水，這點也必須注意。最新的研究為 Martinez, Luis Roberto. “How Much Should We Trust the Dictator’ s GDP Growth Estimates?” Journal of Political Economy(in press, 2022)

15 Fitzgerald, F. S. The Great Gatsby, 1925.（《大亨小傳》，1989 年）
說個題外話，《大亨小傳》有多種譯名，這篇文章也有多種譯法，含意深遠。
原文：one thing’ s sure and nothings’ surer
the rich get richer and the poor get-children

16 Fukuyama, F. The End of History and the Last Man. Free Press, 1992.（《歷史之終結與最後一人》，2005 年）

17 Fukuyama, F. The Origins of Political Order: From Prehuman Times to the French Revolution. Farra, Straus & Giroux, 2011.《政治秩序的起源（上卷：從史前到法國大革命；下卷：從工業革命到民主全球化的政治秩序與政治衰敗），2013 年》

18 “The Virus Comes for Democracy. "The New York Times, April 2, 2020.

19 BBC “Brazil Carnival: “Bolsonaro” Dancer Turned into Crocodile.” April 26, 2022.

20 東島雅昌《民主主義的未來（中）懷疑「權威主義的優勢」》（日本經濟新聞，2021 年 8 月 19 日）
安中進《民主主義不如權威主義？新冠疫情下的政治體制之實證分析》（《中央公論》九月號，2021 年，74-78 頁）
石井大智《中國的強權主義，真的比民主主義更能對抗風險？》（日經商務，2021 年 12 月 15 日）

21 “The Quest for Prosperity.” The Economist, March 17, 2007.

22 關於民主主義對二十世紀前的這數百年來的經濟成長所帶來的影響，其研究的歸納如下。
Acemoglu, D., and J. A. Robinson. Why Nations Fail: The Origins of Power, Prosperity and Poverty. Profile Books, 2013.（《國家為何會失敗？（上、下）權力、富裕與貧困的根源》，2013 年）
Colagrossi, M., D. Rossignoli, and M. A. Maggioni. "Does Democracy Cause Growth? A Meta-Analysis (of 2000 Regressions)." European Journal of Political Economy. 61 (2020): 101-824
Doucouliagos, H., and M. A. Uluba o lu. "Democracy and Economic Growth: A Meta-Analysis." American Journal of Political Science, 52, no.1 (2008): 61-83.
Przeworski, A., M. E. Alvarez, J. A. Cheibub, and F. Limongi. Democracy and Development: Political Institutions and Well-Being in the World, 1950-1990. Cambridge University Press, 3, 2000. 等等。

23 在二十世紀前的那段時間，民主主義對嬰幼兒死亡率等公共衛生指標所帶來的影響之相關研究如下。
Besley, T., and M. Kudamatsu. "Health and Democracy." American Economic Review, 96, no.2 (2006): 313-318.

Gerring, J., S. C. Thacker, and R. Alfaro. "Democracy and Human Development." Journal of Politics, 74, no.1 (2012): 1-17.

24 Autor, D. H., D. Dorn, and G. H. Hanson. "The China Shock: Learning from Labor-Market Adjustment to Large Changes in Trade." Annual Review of Economics, 8,（2016）: 205-240.

25 Autor, D. H., D. Dorn, G. H. Hanson, and K. Majlesi. "Importing Political Polarization? The Electoral Consequences of Rising Trade Exposure." American Economic Review, 110, no.10（2020）: 3139-3183.

26 Lipscy, P. Y. "Democracy and Financial Crisis." International Organiza tion, 72-4: 937-968.

27 CNN "Trump's 35% Mexico tax would cost Ford billions and hurt Americans." September 15, 2016

28 Bill Gates "The Next Outbreak? We're Not Ready." TED

29 PBS "Obama Team Left Pandemic Playbook for Trump Administration, Officials Confirm" May 15, 2020

30 MIT Covid Apps（https://covidapps.mit.edu）

31 保羅．維希留回溯歷史，生動描寫技術環境所規定的移動交流速度與政治的交互作用，寫下《速度與政治》一書，而這可說是裡頭的「時間政治」的現代變奏。

Virilio, P. Vitesse et Politique. Galilée, 1977.（《速度與政治》，2001 年）

32 日經 TERE 東大學 「【博之&成田悠輔】 日本衰退……真正的原因！日本能因為自民黨而復活嗎？【衝　的彩頁】| Re:Hack」（2021 年 12 月 26 日）

33 亞里斯多德《政治學》（岩波書店，1961 年）

34 原田昌博《政治暴力共和國——威瑪共和時代的街頭、酒館，以及納粹主義》（名古屋大學出版會，2021 年）

35　Gancarz, M. The UNIX Philosophy. Digital Press, 1995.（《UNIX的想法——其設計思想與哲學》OHM社，2001年）

第二章

鬥爭

提問

一人一票真的好嗎？

選區依照每個地區來決定好嗎？

經營者按照業績高低來改變報酬，

這明明是理所當然的事，但政治人物的報酬卻都固定，這樣好嗎？

要如何改造選舉及其周邊的機制才好呢？

就像這樣，民主主義已染上重症。不過，這當中因為有俄羅斯入侵烏克蘭，以及新冠疫情後期中國封城的混亂等情勢，因而在二〇二三年春天這個時間點，民主主義的危機顯得存在感很薄弱。人們也都漠不關心，這本書肯定也銷路不佳。

然而，絕不能忘記，這只是暫時的止痛劑。因為像俄羅斯和中國這種獨裁者和專制政權，雖然因為踢出了烏龍球而跌了一跤，但民主諸國自己內在的問題也完全沒解決。既然有那個閒工夫嘲笑敵方陣營的自爆，就更應該重新整頓我方的裝備和鬆散的士氣。

鬥爭、逃離、構想

那麼，已染上重症的民主主義，想要平安度過這個世紀，需要做些什麼呢？

答案並不是要回歸獨裁和專制，這點光是看俄羅斯自爆式的侵略，以及中國的社會和經濟不知道在忙些什麼，就一目了然。現今所需要的，既不是走既往路線的民主主義，也不是展開反撲，倚賴英雄／狂人的專制。而是**超越「民主vs.專制」這種早已聽膩的二元對立，蛻變成民主主義另一個層級的姿態**。為了在腦中描繪出這樣的蛻變，要依序思考三種處方箋。分別是**與民主主義的鬥爭、逃離民主主義、全新民主主義的構想。**我們會以本章、下一章、終章，依序來看鬥爭、逃離、構想。

首先是鬥爭，這是坦然地面對民主主義的現狀，與它的問題對抗，努力解除其詛咒的一種行為。可說是依照目前選舉現狀所建立的民主主義機制及其想法做為前提，加以調整和改良。但是又應該要怎樣調整和改善呢？

想要思考務實解決問題的方法，必須先想出製造問題的構造。隨著網路和社群網站的普及，造成對外國人、少數族群的仇恨言論等民主主義開倒車的情況日益嚴重，原本選舉就已經像是封閉的村民慶典了，這下變得更像封閉的慶典。而在連動作用下，民主國家的政治，以及政策和經營，都變得很封閉，而且短視近利，對未來的投資，或是與國外、外人進行貿易等，這些經濟的主電源都委靡不振。這就是造成民主主義失落了二十年的主因。

如果是這樣，沿著這條詛咒的軌跡著手根治，看起來會是穩健地加以調整和改良的捷徑。我們就來想想看，在社群媒體、選舉、政策的這個惡性循環下，要挑哪個點加以整治才好。

(1)干預造就出選民的想法同步和偏激言論化的（社群）媒體，清除汙染

(2)將選民挑選政治人物的選舉規則，修改成適合未來、外部世界，以及他人

(3)製造誘因，讓選出的政治人物肯對未來、外部世界、他人來施行政策

不過在這之前忘了一件事，一想到日本與歐洲國家民主主義失落的二十年，

就會另外再附上一個零件。先想起這個零件後，再來進入前面(1)、(2)、(3)的討論吧。

在銀髮民主主義的絕望與妄想之間

民主主義被詛咒的主要成分之一，就是民主國家的政治和政策過於封閉、短視近利。而就像自古人們所感嘆的一樣，比起遙遠的日後成果，不得不將目光擺在眼前的輿論上，這是置身選舉中的政治人物常態。而邁入高齡化的先進國家們，這個問題尤為嚴重。因為所謂的銀髮民主主義（高齡掌權者對選舉的主導權），看起來就像占據了整個國家一樣。

昔日的英國首相溫斯頓．邱吉爾或是某位人物，曾說過這麼一句名言：「如果你25歲時不是進步派，那你內心有問題。如果你35歲時不是保守派，那你頭腦有問題。」

的確，年輕人與老年人的價值觀存有差異，此乃人之常情。用不著特地引用名人的名言語錄，只要想一下父母、上司、鄰居的孩子，或許便有充分的說服力。而不同世代間的衝突，同時也是人類的原動力。改寫歷史的，往往都是「年輕、沒名氣、窮」（毛澤東）的小夥子[1]。心中抱持對老害蟲所產生的憤怒和輕視，而引發革命的年輕人，不久後自己也漸漸成了老害蟲，而被下一個世代葬送。我們說這是「每辦一次喪禮，就多一分進步」（源自德國物理學家馬克斯・普朗克（Max Karl Ernst Ludwig Planck）的一句英文格言）。

不過，從邁入本世紀開始，情勢變得波詭雲譎，感覺年輕人的憤怒漸漸變成絕望、無力。理應會葬送老害蟲的喪禮，一再往後延遲，政治被化為殭屍的高齡者霸占。讓人對銀髮民主主義感到絕望和無力。我曾經從一位認識的國會議員口中聽到駭人聽聞的一句話，他說「自民黨的青年局正在檢討要將『青年』的定義改為『六十』歲以下」，而政治人物看起來就像化為殭屍的高齡者象徵，這更加深了這股無力感。

「銀髮民主主義」一詞，是日本獨創的造詞，但其他國家也聽得到類似的擔憂。因為許多人都預料，在二十一世紀前半，人類全體將逐漸高齡化，人口開始減少。

《無人地球：全面改寫經濟、政治、國際局勢的人口崩潰之戰（Empty Planet）》一書提出預測，說二十一世紀中葉，世界人口將會減少，引來了正反兩派意見[2]。等到暢銷書《真確：扭轉十大直覺偏誤，發現事情比你想的美好（Factfulness）》問世時，已將未來世界的人口將會減少一事，當作正確的事實（Fact）來看待[3]。

當人口減少與高齡化這樣的新潮流匯入世代對立的古老傳統中時，便產生了銀髮民主主義這種粗糙的分界。

不過，老人是否就是銀髮民主主義的戰犯，其實很難說。高齡的選民是否心裡真的想「應該讓高齡者優先」，這也很難說。關於這點，有一項極具啟發性的研究。有某個團隊在探索未來走向的社會制度，展開名為「未來設計」的研究，在他們的實驗中，對尚未出生的未來世代，設定了假想的代理人，讓未來的假想代理人與現今這個世代還有高齡者討論與下個世代有關的政策。結果政策的選擇轉為以未來為考量[4]。**雖然高齡者居多，但他們不見得都只考量到自己這個世代的事，也許他們出奇地有彈性，能夠溝通**[5]。

儘管如此，還是可以明顯地看出，像自民黨的核心政治人物，很多都具有銀髮民主主義的傾向。在二〇二一年的自民黨總裁選舉中，設立兒童廳（兒童家庭廳）一事成為討論話題時，曾擔任多個大臣職位的日本保守派政治家（高市早苗）說：「也有民眾的聲音提到，如果要設立兒童廳的話，希望也能設立高齡者廳」，當真是一本正經地做出可笑的發言，這就是其象徵[6]。**政治人物想必會揣**

測他們腦中的高齡者「形象」。而事實上，高齡的選民究竟在想些什麼，也沒人知道。不過，就算他們提出可能會對高齡者不利的政策，或是做這樣的發言，也只會帶來風險，幾乎沒任何好處。就是這麼單純明快的推想和臆測。

反過來說，像是曾經擔任過日本的首相、並且其本身就是大資產家，這樣天不怕地不怕的政治人物（麻生太郎），就能毫無保留，坦率地說出自己的想法。

「想到（高齡的）自己用政府的錢（接受昂貴的醫療），就覺得睡不安穩」

「得讓我自己能很乾脆地死去」

不過，大部分的政治人物都是知名度、權力、資產不高也不低的普通人，如果不能一直討人喜歡，便無法保有身分地位。就是這種令人遺憾的現實，造就出銀髮民主主義。每一位政治人物的害怕，應該就是銀髮民主主義的實態吧。就這樣，對民主主義的詛咒這種全球化的現象，又再更進一步施以銀髮民主主義這種國產的鍍銀。

那麼，要怎麼做才能與加了鍍銀的詛咒對抗呢？希望能將政治人物的目光，從那些以餘生所剩不多的高齡者為主的輿論（相關的腦中印象），引往長期性的成果。光倚賴特定政治人物的信念和良心是行不通的。要思考一套機制或制度，讓那些欠缺信念和良心的政治人物也能幫忙解決問題。

改造政治人物

給政治人物的長期成果報酬年金

我當下想到的對策如下，為了讓政治人物的目光能從輿論移往成果，對於與政策成果指標有緊密關聯的政治人物，要提供其再次當選的保證以及成果報酬，引進這套制度。

因應政策的領域，能想出各種成果指標。例如 GDP、經濟差距、孩童的貧窮率、股價、失業率、通膨率、學力達成度、健康壽命、幸福度或福利等。在政策展現出效果前，一般得花上數年到數十年之久，所以想出了視政治人物卸任後的未來成果指標而定，給予卸任後的成果報酬年金這個辦法。

對於這種成果報酬制度，有個國家雖然還沒建立完善的機制，但已經引進。這國家就是新加坡。新加坡政府給官員的薪水，就像避險基金經理人一樣，採成果報酬型，薪水平均的30～40％，是按照GDP等指標的達成度給予的獎金。具體來說，官員的基本薪資，是從國內高所得者的前1000人的中間值扣除40％。獎金則是以所得中間值的成長率、所得後20％的成長率、失業率、GDP成長率等多種項目來決定，執行得很徹底。

藉由將中間值以及後20％的所得納入成果項目，能讓大臣和政府不只是關注高所得者，也會留意典型勞工的所得成長[9]。藉由多種不同性質的成果項目的組合，也能有效避免過度將注意力只放在特定的成果指標上。

官員的薪水也一樣採成果報酬型，職業官員的給薪與民間連動，從一九九〇年代開始便採用民間連動制，對薪資進行調整，與金融、法界人士、多國籍企業的高級幹部相比毫不遜色。這樣的結果，使得人才在政府與民間之間來去頻繁。

政策、政治人才的流動性高，而因官員的身分加入執政黨人民行動黨（People's Action Party）的人也不少。

政府管理

這樣的成果報酬，會讓人聯想到薪資會因為業績而忽高忽低的企業幹部的報酬和獎金。為了針對成果給予誘因，在企業經營下，理所當然都會採取企業管理。而將它引進國家經營中，就是源自這樣的構想。或許也可稱之為**「政府管理」**的一種嘗試。也有人做過一項社會實驗[8]，如果透過官員提出競爭型的給薪方式，更優秀的人才就會想當官員，因此會有更多好的人才前來接受召募。

而另一方面，幾乎所有的先進國家的大臣、國會議員、官員的給薪，基本上都不看成果，幾乎都固定。當然了，這事也沒那麼單純，不能全部都採成果報酬的做法。像防衛和安全保障、防災、教育等，只能以數十年以上的時間軸來推測成果。而其他國家的戰略、失控、自然現象等等無法控制的外部因素，也會帶來很大的影響。對於這樣的政策領域，如果隨便引進成果報酬制度，就此削減官員的使命感，反而會帶來更大的危害[9]。

最適合成果報酬的，是重大的政策成果任誰都可以明顯地看出，而且能以現實的時間軸來推測的政策領域。在這種情況下，爲了避免被特定的短期成果指標牽著走，需要讓多種成果指標組合在一起，合成出一種複雜且長期的成果指標。

就這點來說，新加坡政府的成果報酬有其極限。因為它只採用短期成果指標。成果報酬的支付，也需要有數十年後的未來才支付成果報酬的年金、證券型成果報酬設計。現在的民主國家對長期成果報酬年金變得很短視近利，這關係著是否有可能改變這樣的民主國家[10]。

改造媒體

資訊成分標示、交流稅

不過，政府管理改革案只能接觸到冰山之一角。政府管理能解決的問題，是如何將已經選出的政治人物朝政策成果的方向去引導。反過來說，如果選出的政治人物是沒用的廢物，不管再怎麼整頓管理，也只是白費力氣。

那麼，是誰選出政治人物？當然是選民。這表示在選舉中，要是投票的選民不行，則一切都白談。如果給的是垃圾，不管再怎麼揉捏，一樣只能做出垃圾。

因為網路和社群網站，使得選民的資訊和交流被擾亂，正因為民主主義的前提條件是民主國家，所以才出現這種墮落的現象，希望各位回想一下第一章談到的「故障」議題。而造就出這種症狀的，正是選舉政治這種慶典與社群媒體產生的化學反應。

如果是這樣，就能看出短期所需要的療法了。那就是削弱這種化學反應，引進緩衝材來抑制它擾亂選民。這需要政策和制度來降低資訊流通和交流的速度，緩和過度的激烈化和極端化。

有個很好的比喻，那就是醫藥品和食品。「有一種號稱是萬靈丹的藥物四處販售，結果其實是毒藥」，經歷過許多這類的慘痛經驗後，人類這才訂立許多制度，審慎地限制怎樣的藥品或食品才能在市場販售。例如療效和成分的標示、對特殊藥品或飲料食物課稅等等。或許像慢食運動、全素、素食運動之類的民間運動也可包含在內。

對數量的限制

對於資訊交流，也能思考同樣的限制。對於「人們要獲得何種資訊，如何獲得」「誰和誰如何展開交流」，為了保有其健全性，能加以限制。

首先想到的，是**限制在社群網站之類的公開網站下的同步交流速度和規模。**像 Twitter 這樣，任何人都能參加，雙方多人的即時公開交流，得除了防災、防止恐攻等部分領域外，一律都加以課稅、禁止，或是限制規模和人數，能往這方面思考。因為雙向的大規模即時交流變得狂熱，或是同步的情形過於嚴重，都會成為前一章提到的民主主義惡化的觸媒。這種方向類似於餐飲方面的卡路里稅、快食稅，或者可說是慢食運動的交流與資訊版。

對品質的限制

未來想必也會因應交流資訊的內容進行課稅。排除假新聞和反疫苗的資訊，已由民間企業主導進行。以資訊的品質和虛假程度來限制，是一種理想，但實行有其困難。事實上，應該能想出一套按照不同的資訊類型來改變稅率的設計。以餐飲來說，就像課酒稅一樣，也會課鹽稅、糖稅、含糖飲料稅、洋芋片稅。感覺與 YouTube 的廣告收益分潤率會依類型而有所不同很類似。

社群網站下的交流大多是公開且免費的這個習慣或許會瓦解，而變得適度地封閉，收費和課稅也變得理所當然。事實上，在 Facebook 上也做了一項實驗[11]，證實藉由將標示、吸收的新聞，以及資訊的成分加以均衡地混合在一起，能緩和對反對勢力的厭惡或是政治的區隔。

此外，那些預料就算認識後展開交流，也只會毒害別人的人，也能以機械式地讓他們相互阻擋、消音做為前提，想出一套社群媒體的設計[12]。這樣的限制，或許會慢慢消化不算太過垃圾的資訊，促成一個能好好交流，緩速又健康的網路，以及選民腦中一個完善的資訊環境[13]。

當然了，這樣的資訊成分限制和交流稅，與干預表現的自由，可說是一體兩面。為了避免不健康的干預，必須公開資訊交流的限制規則與演算法，接受人們的批評和提議。伊隆・馬斯克在提出 Twitter 的收購時，實現了其所承諾的內容顯示算法透明化，讓未來發展朝這個方向邁出一大步[14]。這是未來二十一世紀的數位立憲運動的萌芽。

改造選舉

政治人物的退休年齡或年齡上限

必須與干預（社群）媒體一同思考的，是如何挑選政治人物，也就是選舉的設計。因為不管對選民的腦內環境再怎麼清除汙染，他們要投票選出政治人物，還是得透過選舉這個機制。

重新設計選舉制度的提案也相當多，當中最單純的，是想重新發明選舉權和被選舉權。例如政治人物的任期和退休年齡，或許有效。這是為了迫使政治和選舉展開世代交替和新陳代謝，將注意力放在未來。不光只有世代交替的效果，如同我前面所提到的，因為選舉而非得巴結輿論不可的政治人物，就結構來說，他們其實很無力。但因為任期屆滿或達到退休年齡，已不用再擔心會因為選舉而失去什麼的政治人物就不同了。他們可以不必在意輿論，可坦率地說出該說的話，專注做該做的事，能在民主主義下展開類似專制的瞬間就此誕生。雖然這是反論，不過，最終都是要讓人們自由。在這樣的邏輯下，法國或美國的總統任期上限（搭配總統行政命令）將會被正當化。

對政治人物設定退休年齡或年齡上限，在某些國家已經施行。在加拿大，只有七十四歲以下的人能被任命為國會議員（上議院）。不丹、伊朗、索馬利亞等國家，也引進了類似的年齡上限（表2），看起來像老頭子特戰隊的日本自民黨，其實黨內也規定[15]，能擔任眾議院比例代表的人，須未滿七十三歲。雖然速度有如牛步，但已對政治人物的世代交替慢慢建立其機制。

在根據日本選民對政治人物的期望所做的調查分析也指出，選民對於達一定年齡以上的政治人物會感到擔心或排斥[16]。政治人物的退休年齡，對政黨來說，或許能做為擺脫老人味，重拾人氣的方法，發揮其功能。

對選民限定的退休年齡或年齡上限

會老的並非只有政治人物。不管是誰都會老，包括選民。這麼一來，既然會考慮政治人物的退休年齡和任期，那麼，對選民考慮這些問題也是很自然的事。這都是為了讓整個選舉重新蛻皮，重返青春。

話雖如此，要對選舉權設定退休年齡或年齡上限，在現實中似乎很難辦到。因為憲法禁止年齡歧視，尤其像日本以及歐洲這樣的高齡國家，如果敢說「沒收老人的選舉權吧」，肯定引來群眾的抨擊。我在寫這件事情時，心裡也在顫抖，很怕這本書也會遭大眾抨擊。既然要抨擊的話，我希望就徹底一點，將我鬥到再也站不起身吧。

表 2：對政治人物和選民限定退休年齡的國家[17]

國家	對象	年齡上限
伊朗	被選舉權	75 歲以下
不丹	被選舉權	65 歲以下
加拿大	任命上限（上議院議員）	74 歲以下
索馬利亞	任命上限	75 歲以下
巴西	選舉權	70 歲以下爲義務投票，71 歲以上非義務投票，爲自由投票
梵蒂岡	選舉權	教宗選舉的投票權爲 79 歲以下

不過，不能這麼輕易就放棄。大家再稍微動腦筋想一想吧。只要再多投注一點巧思，或許就能實質地設下退休年齡或年齡上限。

例如像巴西，只有七十歲以下的選民，投票是義務（附罰則），超過這個年齡的選民，能自由投票（表 2）。

這個機制並非沒收高齡者的選舉權。但這是只強化年輕人投票誘因的機制。因此，它擁有的效果，類似妨礙高齡者投票。就算無法「沒收老人的選舉權」，但如果是「對現役世代的投票增添有形和無形的報酬」，或許有可能實現[18]。

傾聽未來聲音的選舉

選舉的機制，也就是合計選票，決定勝利者的這項規則，加以重新評估也是很重要的一件事。

比較選舉的各種合計規則的好壞，這項研究領域稱作「社會選擇理論」，數百年來，應用數學家和理論政治學者、經濟學者，都投入其中。它有個簡單易懂的成果，那就是發現廣為人們所使用的多數表決，這其實有許多缺點，例如「不利於瓜分選票的情形」。他們也想出了克服多數表決缺點的選舉制度[19]。

除此之外，有些提案常被搬出來談，被視為是打破銀髮民主主義和民主國家短視近利的方法。是更能反映年輕人聲音的選舉機制。

例如「建立只有某個世代才能投票，依世代區別的選區」「以投票者的平均餘命來對選票加權」「沒有選舉權的未成年孩子，賜予其父母代理投票權」等等[20]。匈牙利的國會正式展開審議，決定是否要引進孩子的代理投票權，這些點子都超越社會科學的科幻，帶有一點現實感[21]。

這些點子嘗試以世代為主軸，想聽取年輕人這種少數派的聲音。但類似的點子，馬上也能用在其他少數派上。例如只有女性、少數民族、LGBT（※女同性戀者（Lesbian）、男同性戀者（Gay）、雙性戀者（Bisexual）、跨性別者（Transgender）的英文第一個字母縮寫而成。）能投票的選區這類的構想。

然而，像這樣鎖定未來，鎖定少數派的選舉方式，真的具有改變選舉結果的力量嗎？

圖 7：若以平均餘命來對選票加權，則總統大選的獲勝者是希拉蕊・柯林頓

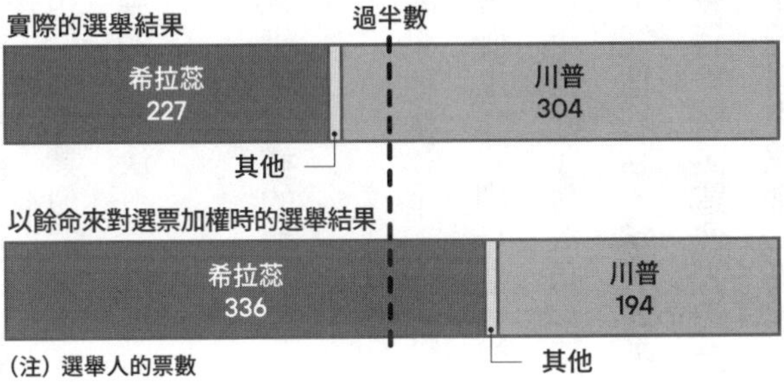

為了回答這個問題，我們試著以唐納・川普與希拉蕊・柯林頓爭奪大位的二〇一六年美國總統大選，來針對「要是以平均餘命來對選票加權，能得到什麼結果」展開模擬[22]。

簡單來說，**總統大選的結果就此翻盤。結論就是「如果以平均餘命來對選票加權，總統應該會是希拉蕊・柯林頓」**。看顯示這個結論的圖 7 會明白，若以平均餘命來對票數加權，會將希拉蕊・柯林頓的全國得票率從43％左右（227 張選舉人票，上圖）拉高至63％左右（336 張選舉人票，下圖）。希拉蕊會輕鬆過半。

聆聽年輕人未來聲音的選舉機制，似乎也會對美國總統大選這種最重要的選舉帶來莫大的變化。其實，對同樣在二〇一六年舉行的英國脫歐（Brexit）公投，也能展開類似的分析。如果以平均餘命來對票數加權的話，結果將會逆轉，脫歐會遭到否決[22]。

那麼，這樣的變化是「好事」嗎？

如果稍微停下來仔細思考，馬上會湧現某個疑問。光陰似箭，明天同樣的事也會發生在我們身上，今日的年輕人，將會是明日的老人。在遙遠的未來，例如數百年後回頭看，頂多只差數十歲的年輕人與老人，雙方的年齡差距根本不值一提。這樣的話，當有人高喊「老害蟲去切腹！打倒銀髮民主主義！多聽聽年輕人的聲音」時，這個人完全沒看遙遠的未來，只看到眼前不久的未來。從中可得到「正因爲沒思考（遙遠的）未來，所以才會覺得應該要傾聽（不久的）未來的聲音」這樣的反論。

現今的日本和其他正在衰退中的發展國家，這種諷刺的情況可說是層層交疊。「高齡者沒用，老害蟲應該要引退才對」，會這麼說，確實也有它的道理。但是否只要聽取年輕人的意見就行呢？恐怕也不是如此。

舉個例子，我們來看自民黨支持率，不論在二十歲的年齡層，還是在六十歲的年輕層，都沒多大差異。反而在二十歲的年齡層支持率還比較高，這點前面已經提過。日本世代間的政治對立並不鮮明。如果是在美國，愈是年輕的世代，愈講究自由，民主黨的支持率很高，這樣的傾向很明確，與日本形成強烈對比。

另外還有一個很根深柢固的問題。那就是年輕人普遍很窮。現今的日本，有錢又有閒的是高齡者。所以他們也有那個時間和餘力去思考「文化」或「國家」這類不是觸手可及的事。

相較之下，現今日本二十歲這個年齡層的人，真的就像被逼到了懸崖邊。半數以上是零資產，存款不到十萬日圓，憑著微薄的薪水，處在勉強過活的狀態[23]。要是身體出了狀況，一時無法工作，馬上就破產的人，在現今的日本年輕人當中占大多數。在這種狀態下，就算要他們思考如何投資適合遙遠未來的國家，他們也沒那個餘力。

高齡者固然是問題，但年輕人同樣也是大問題，這就是現今日本所處的絕望現狀。

如果這麼想，真正重要的也許不是擊退所謂的銀髮民主主義。那麼，什麼才是真正重要的呢？那就是將真正遙遠未來的聲音引進政治中，將現今年輕人與老年人之間的差距，當作微不足道的噪音，一口氣吹得遠遠的。例如，有一部分人很認真在追求的長生不老，市民和政治人物也會因此關注長遠的未來。

如果這有困難的話，就預測遙遠的未來，人類會需要什麼，將遙遠未來的成果報酬加入現今的政治中。我想在本書的最後，試著思考該怎樣朝這樣的幻想邁出第一步。

「如果是靠選舉來決定，那一定是人多的一方會贏」

之前都將焦點放在被未來放逐的少數派——年輕人身上。但被放逐到角落邊的少數派，並非只有年輕人。單親以及性別上的少數派，以及連名稱或類型都沒有的那些有形和無形的少數派。對他們這些少數派來說，那些深有所感的政策論點，往往都會被漠視。

舉個典型的例子，像 LGBT 這種少數派的權利問題就是其中一種。這些問題會對少數派的生活帶來巨大的影響，而另一方面，對多數派的生活，則往往都不會有什麼影響。如果是這樣，這些深有所感的少數派，應該要大聲說出他們的意見才對，如果很簡單地像這樣看待此事，它就有可能實現。

儘管如此，在現今的選舉機制下，這些少數派的問題與社福支出和醫療綁在一起，被當作投票的對象。人們對社福和醫療有什麼看法，會直接影響到少數派的問題。而那些相對「不重要」（＝利害關係人的絕對數少）的論點，就這樣被推翻了。

「統括間接代議民主主義」的詛咒

與其說這是民主主義這種理念的一般問題，不如說是將所有政策和立法都委由議員和政黨去處理，應該稱之為「統括間接代議民主主義」的這種特定選舉制度的問題。從外交安全保障，到夫婦不同姓的問題，從金融政策，乃至於不孕治療，這些需要完全不同專業性和利害調整的所有政策，全都綁在一起，投票給一名政治人物、一個政黨。想起來實在是很不可思議的習慣。

在這個制度下，就像單親和性別少數派一樣，對於只有極少數當事人的問題，也是由當事人以外的那些和此無關，既無相關知識，也不願去細想的大多數人噪音般的聲音來決定結果。這種統括間接民主制統治政壇，是這幾百年間的事，不過當時是因為無法每個政策都用投票合計的方式來決定，所以只能採用這個方法。

但現今環境不同以往。選民能對每個政策表達想法，而且對於當事人覺得「不重要」「不清楚」的政策，為了避免造成無謂的影響力，可以主動辭退，或是委由可信賴的人投票，這樣的機制也有可能建立。像「把一切都交給某位政治人物和政黨去處理」的這種昭和時代的舊思維，有必要重新思考了。

從政治人物、政黨，到爭議點、討論

還能想出以下這樣的機制。不是按照政治人物和政黨來投票，而是按照不孕治療適用於保險、變更支付年金的年齡、LGBT 立法等個別的論點來投票。假設分配給每位選民 100 票。不是一人一票，而是「能將票多投一些給自己覺得重要的政策」。也能把票交付給自己覺得可信賴的第三者來投票。

在各種論點的選舉中，因應自己的興趣和利害關係，選民會把更多的票分配給自己所重視的項目上，其他則分配少一點。這麼一來，像同婚這種當事人參與性強的政策，更容易反映出當事人的聲音。而對單親和性別少數者提供支援的政策，也會由受這種政策強烈影響的人們的聲音來主導，也許容易做出符合當事者實情的設計。

這種點子的細部設計，能有各種不同的形態。也有人提出「流動式民主主義

(Liquid Democracy)」、「分人民主主義(Dividual Democracy; Divicracy)」、「平分投票(Quadratic Voting)」等提案[24]。歐美和臺灣的部分政黨或自治體，在決定意見時，也會實驗性地採用。這也與他們頻頻以機動靈活的形式，嘗試對各種論點展開像公投般的直接投票，有很密切的關係。像 Facebook 等網站，老早便以用戶為對象，對用戶公投這樣的機制展開實驗。它們都是嘗試沿襲「以選舉來實現民主主義」的既定路線，想藉此提高實際施行的解析度和柔軟性。

也有人對這樣的論點與討論下的選舉制度存疑。的確，投票給像政黨或政治人物這樣的代理人，是過於單純的制度，政黨和政治人物對各種論點都要干預，到處將權利和功勞分配給自己底下的相關人員，可說是掮客的溫床。但這也不全然都是壞事。因為有政治人物和政黨不乾不脆地展開交涉，將無數的討論整理成政策包成政見，呈現在選民面前，正因為這樣，我們選民才勉強能消化這些資訊，做出決策，這也算是另一種反論。這個疑問也有其道理，之後在終章「構想」會再深入探討。

人們如果要走在時代的前端，就得先掌握通盤的局面，然後做出決策，這個成見深深限制了我們。如果將決策機械化、自動化，讓它排成一列呈現，也就沒什麼必要整理出政策包或政見。這麼一來，造就出「得要單純化，作成政策包」這項限制的「少數派深有所感的論點被邊緣化」的問題，也能在沒什麼副作用的情況下加以解決。

改造 UI/UX

過去我都想著要對（被）選舉權和選舉制度展開外科手術。不過，就算不做那種會引來極力反抗的大改革，只做小小的整形手術，或許也會引來很大的變化。這就是為了舉辦而設的 UI/UX（使用者介面和使用者體驗），例如投票用的用紙和裝置的改良。

電子投票會拯救孩子的健康？

曾經有一件不起眼的小故事，發生的舞臺在地球的另一側。內容是關於巴西投票裝置的改良，一九九〇年代中期，巴西政府改變州議會議員選舉投票用的裝置。從紙本媒體的傳統投票用紙，改為數位投票裝置，變更前的投票用紙，要求投票者要用筆在紙上寫下想投的候選人名字，至於該如何寫，只提供文字說明。

但這種投票用紙有一個問題，當時的巴西識字率低，成人當中至少有兩成以上的人連簡單的讀寫也不會。因此，不會讀寫的投票者無法理解文章所寫的投票方法指引，或是解讀錯誤，引發許多問題。大量的寫錯和空白造成無效票，尤其嚴重的是，非故意投下無效票的人當中大多是識字率低又貧窮的那個世代的選民。**因爲投票裝置的設計，這些不受上蒼眷顧的選民，其投票權實質地遭到剝奪。**

為了解決這個問題，引進新的電子投票裝置。在新裝置下，投票者只要用按鈕輸入候選人的號碼，確認顯示出的候選人大頭照正確就行了。藉由這樣的改變，就算是無法讀寫的人，也能光看就選出自己想投的候選人。沒必要為了投票而使用文字，再也沒有隔閡。

乍看很微不足道的改變，帶來了驚人的變化。開始使用電子投票裝置的自治體，有效投票比率提升了11～12％[25]。而更重要的是，不會讀寫的人愈多的地區，電子投票裝置的引進，有效投票率增加得愈多。對那些主要都是無法行使選舉權的低學歷、貧困階級的市民來說，電子投票裝置賦與他們實質的參政權。

而更驚人的是，賦與這些生活有困難的市民們實質的參政權，對日後的政策決定產生很大的影響效果。因為電子投票裝置的引進，在州的預算中所占的醫療費用比例增加，沒受教育的母親當中，在生產前多次到醫院接受產檢的比例也大幅增加，進而使得體重過輕的新生兒也隨之大幅減少。這樣的醫療制度對貧窮的世代來說，有很大的優點。考量到這點會發現，這當中暗示著，藉由以電子投票裝置賦與貧窮世代實質的參政權，政治人物們會更加強力去反映貧窮世代的聲音。就像投票裝置的電子化一樣，只要對 UI/UX 做些小改變，讓那些不受上蒼眷顧的家庭也能輕鬆投票，政治就能隨之改變。

就算光是改善這種不起眼又糟糕的 UI/UX，也能意外改變選舉或政治。因為對這些困在 UI/UX 中的少數派和弱者所帶來的無言排斥，若能加以清除，給予支持，或許就能對那些與未來息息相關的政策造成壓力，促使其推動。

網路投票的希望與絕望

說到選舉或投票的介面改革，最常成為人們討論話題的，就屬網路投票和 App 投票了。利用網路的投票，尤其是為了提高年輕人的投票率，更是有很多人高喊著要引進。但根據過去的研究，**網路投票會對投票率帶來的效果，其實仍舊不明。**有個研究針對瑞士引進網路投票的自治體，與沒引進的自治體，比較其前後的變化，結果顯示，網路投票並未對投票率造成影響[26]。一項採用加拿大和巴西數據資料的研究也指出，網路投票頂多只會帶來幾趴的投票率上升[27]。

說到網路投票，給人的印象似乎是年輕人的投票率會隨之上升，但其實沒那麼單純。從二〇〇五年起就已經實現網路投票的愛沙尼亞，反而是高齡者的投票率升高，此事廣為人知。因為原本因為腰腿不好等身體的問題，或是交通不便，而無法前往投票的人，現在不管在哪兒都能投票了。從這樣來看，網路投票或許無法成為打破年輕人投票率低迷的王牌。**不該只是一味認定它有效果，而求神明保佑，重點在於別抱持先入爲主的觀念，要觀察它是否有證據能證明眞的有效果。**

（不）可行性的障壁，以及想靠選舉來治療選舉病的矛盾

過去討論過各種選舉制度改革案。但是該怎麼做，才能現實改革呢？一旦開始思考可行性，就感到不安。如果想改變（被）選舉權或選舉制度，就需要選舉（投票），只有在選舉中勝出的人才能改變選舉制度。因為在**既有的選舉制度中獲勝，而構築出現今地位的現職政治人物，爲什麼會想進行這樣的改革呢，這**

當中散發出困難重重的濃厚氣味。

尤其是在日本和歐洲這種少子化的高齡社會，要以平均餘命來對選票加權，強行讓政治的目光擺向未來的這種制度，在國政下想必無法實現。「至少，對激進的政黨展開政黨輪替，是必要條件」（某自民黨議員）。為什麼能發生這種像革命般的事呢……感覺前途黑暗，看不出有實現的可能。人們一般認為，暗藏強烈的改革心，很擅長選舉的地方自治體首長，以自己的政治生命當賭注，以自治體的層級強行推動改革，才是最可能行得通的一條路。

而這也有一個很根本性的疑問，這種選舉制度的調整和改良，令人質疑是否能根治民主主義的詛咒。選舉造就出像祭典般的決策，對誘導和氣氛很沒抵抗力，而這項弱點還會透過網路或社群網站而增幅，大家快想起這個問題吧。選舉制度的微調，無法應付這個根本的問題，甚至應該說，這樣根本就是不去面對問題。

民主主義的理念背景，是具有「透過媒體和教育，擁有還算完備的資訊，能好好思考判斷的人們，聚在一起討論後投票，決定要做某件事」這樣的人類觀和社會觀。不過，媒體和教育無法維持這樣的人類觀和社會觀。就像之前討論的一樣。這世上的機制和技術環境明明有了很大的改變，但義務教育的內容卻幾乎沒變，為了對世界的未來做出正確的判斷而提供基本的腦部操作系統的這項功能，並未發揮作用。

而進一步落井下石的，是教育的「過剩」。根據一項調查英美的選民所得到的研究指出，選民愈是高學歷，愈會重視黨派、只顧自己、喪失藉由討論和反省來修正意見的能力。學歷和知識增加得愈多，愈會認為自己才對，這樣的傾向正是原因所在[28]。這樣的頑固威脅著民主主義的基礎。

我們的教育「不足」，沒教導人們不能緊跟這個加速的世界與技術的現狀。

隨著莫名地高學歷化，大家一味地加深自信，這種教育（或者該說是學歷）顯得「過剩」，不足與過剩的雙重打擊，不斷侵蝕著民主主義。

而社群媒體則幾乎可說是放任它自行生長，前不久的假新聞和陰謀論，可說是無奇不有。而問題發生後，則是交由獨占企業不透明的演算法任意進行資訊篩選，以此來解決問題。但就結果來看，根本不知道問題是否已真的解決。因為資訊篩選的演算法並未對外公開。

媒體與教育這種用來讓選舉發揮功能的前提條件，就這麼生鏽了。在前提條件瓦解的情況下，就算討論對選舉進行微調，想必也只會是支持性治療。因為這就像明明問題出在選舉的整個概念染病，卻又不開出「相較之下，這個才是比較正確的選舉」的這種處方箋。真正需要的，**不是選舉的新發明。反而是要忘掉「得由選舉來決定些什麼」的這種成見。**

暫時先放棄改善既有的選舉機制吧，要以媒體和教育引發功能不健全的人類和社會的現狀做為前提來思考，看能否改變方針，將民主主義所顯現而成的形體，從既有的選舉轉換到其他事情上？靠喝酒來逃避現實，是我的拿手絕活。我馬上從中想到一個改變方針的方法。那就是對鬥爭的不可能性感到絕望，轉身迴避問題，也就是用另一個方法……逃離。

1 開高健《過去與未來的諸國——中國與東歐》（岩波新書，1961 年）

2 Bricker, D. and 1 Ibbitson. Empty Planet: The Shock of Global Population Destine: Robinson, 2019.

3 Rosling, H., O. Rosling, A. Rosling Rönnlund. Factfulness: Ten Reasons We're Wrong About the World - Why Things Are Better Than You Think. Flatiron Books, 2018.

4 Kamijo, Y., A. Komiya, N. Mifune, and T. Saijo. "Negotiating with the Future: Incorporating Imaginary Future Generations into Negotiations." Sustainability Science, 12, no.3（2017）: 409-420.

5 真的會因為銀髮民主主義而對未來的政策投資造成防礙嗎？找不到能對這個問題做出滿意答覆的證據。這也是至今尚未解決，政治學者和經濟學者應該投入的問題。這份論文介紹了教育投資和環保等等對未來的投資，與高齡化的單純相關性的資料分析。

Georges, C., and L. Batté. "The Political Economy of Population Aging." Handbook of the Economics of Population Aging 1（2016）: 381-444.

6 時事通信「『兒童廳』的設立時間尚早　高市早苗小姐的訪問——自民黨總裁選舉」2021 年 9 月 19 日

7 Public Service Division "The Singapore Administrative Service."

8 Dal Bó, E., F. Finan, and M. A. Rossi. "Strengthening State Capabilities: The Role of Financial Incentives in the Call to Public Service." Quarterly Journal of Economics（2013）

9 這樣的誘因，管理的效能，以及引入落入的陷阱，都累積了龐大的實踐與研究。

Milgrom, P. and J. Roberts, Economics Organization & Management. and Prentice Hall, 1992（《組織經濟學》NTT 出版 1997 年）

10 以下的書也討論到對政治人物的成果報酬。

Moyo, D. Edge of Chaos: Why Democracy Is Failing to Deliver Economic Growth-and How to Fix It. Basic

Books, 2018.

11 Levy, R. "Social Media, News Consumption, and Polarization: Evidence from a Field Experiment." American Economic Review（2021）

12 成田悠輔《出島社會的建議　比建立連帶品牌更幸福的分裂》（緩速網路，2021 年 2 月 1 日）

13 宇野常寬《緩速網路》（幻冬　，2020 年）

鳥海不二夫、山本龍　《共同提議「對健全的言論平臺發出數位瘦身宣言 ver.1.0」》（KGRI Working Papers No.2, 2022 年）

14 人們普遍認為，此事的背景是數據資料分析的結果，認為 Twitter 的發文顯示演算法，在大部分國家都相當禮遇右派政治人物和媒體，遠高於左派。

Huszár, F., et al., "Algorithmic Amplification of Politics on Twitter." Proceedings of the National Academy of Science., 2022.

15 NHK《自民黨　比例候選人需未滿 73 歲　為了維持年輕人的支持率　岸田氏》2020 年 6 月15日

16 Eshima, S., and D. M. Smith. "Just a Number? Voter Evaluations of Age in Candidate-Choice Experiments." Journal of Politics（in press）, 2021

17 伊朗的被選舉權

Iran Data Portal, "The Electoral Law For Parliamentary Elections." 2012

不丹的被選舉權

National Assembly of Bhutan, "Election Act of the Kingdom of Bhutan, 2008."

加拿大的任命上限

Government of Canada, "1. Independent Advisory Board for Senate Ap pointments-Assessment Criteria." January 8, 2018.

索馬利亞的任命上限

那須俊貴《各國的選舉權年齡及被選舉權年齡」，Reference（2015）, 65（12）, 145-153.

巴西的選舉權

Superior Electoral Court, "Voting is compulsory for Brazilians aged 18 to 70." September 28, 2014.

梵蒂岡的選舉權

天主教主教團《教宗選舉祕密會議（Conclave）為何？》

18 限定政治人物和選民的退休年齡，真的具有改變選舉結果或政策選擇的力量嗎？找不到能滿意地回答這個問題的證據。這也是政治學者和經濟學者應該投入，至今仍未解決的問題。

19 坂井豐貴《懷疑多數表決》（岩波書店，2015 年）

20 Demeny, P. "Pronatalist Policies in Low-Fertility Countries: Patterns. Performance, and Prospects." Population and Development Review, 12（1986）: 335-358.

井堀利宏、土居丈朗《日本政治的經濟分析》（木鐸社，1998 年）

21 "Hungarian Mothers May Get Extra Votes for Their Children in Elections." The Guardian, April 17, 2011

22 Narita, Y. "Hearing the Voice of the Future: Trump vs Clinton." RIETI Discussion Paper Series 19-E-025（2019）

23 Založnik, M. "Here's What Would Have Happened If Brexit Vote Was Weighted by Age." The Conversation, July 4, 2016.

24 知るぽると金融廣報中央委員會《與家計的金融行動有關的輿論調查》

25 流動式民主主義

Blum, C. and C. I. Zuber. "Liquid Democracy: Potentials, Problems, and Perspectives." Journal of Political Philosophy（2016）.

平分投票

Posner, E. A., and E. G. Weyl. Radical Markets: Uprooting Capital ism and Democracy for a Just Society. Princeton University Press, 2018.（《激進市場：戰勝不平等、經濟停滯與政治動盪的全新市場設計》，2019 年）

分人民主主義

鈴木健《平順的社會與其敵人》（勁草書房，2013 年）

26 Fujiwara, T. "Voting Technology, Political Responsiveness, and Infant Health: Evidence from Brazil." Econometrica, 83, no.2（2015）: 423-464

27 .Germann, M., and Serdült, U. "Internet Voting and Turnout: Evidence From Switzerland." Electoral Studies, 47,（2017）: 1-12.

28 Goodman, N., and L. Stokes. "Reducing the Cost of Voting: An Evalua tion of Internet Voting's Effect on Turnout." British Journal of Political Science, 50, no.3（2020）: 1155-1167.

Mellon, J. T. Peixoto, and F. M. Sjoberg. "Does Online Voting Change the Outcome? Evidence From a Multi-Mode Public Policy Referendum." Electoral Studies, 47（2017）: 13-24.

29 Hannon, M. "Are Knowledgeable Voters Better Voters?" Politics, Philosophy & Economics（2022）

第三章

逃離

提問

逃避是錯的，逃避是錯的，逃避是錯的。
但想逃是人之常情。有逃離民主主義的方法嗎？

與民主主義的鬥爭，也許打從一開始就是一條行不通的路。就算想從內部去改變選舉、政治、民主主義，而展開鬥爭，但為了加以改變，得在選舉中勝出，展開政治運作。但選舉中的勝利者，現在成了民主主義的既得權力者，既得權力者又怎麼會想破壞自己得到權力的來源呢？想打倒既得權力者的人，最後只會同樣淪落為既得權力者，就像找尋木乃伊的人，最後自己也成了木乃伊，這似乎是無法避免的事。

照這樣來想，便會浮現另一條路。乾脆放棄鬥爭，逃離民主主義，這樣如何？**不是想從內部去改變民主主義，而是放棄民主主義，逃到外面去。**也許可以稱之為「反民主主義」或「迂迴民主主義」。

做爲隱喩的避稅天堂

為了掌握我這番話的內容，就先從具體的例子來看吧。

逃離國家，在部分地方已算是常態。例如富裕階層的個人資產。從盧森堡到開曼群島、維京群島、新加坡，這些尋求低稅率、緩慢獲取資產，漂浮在避稅天堂裡，外人看不見的個人資產，據說超過全球總資產的8％[1]。

「移居」避稅天堂的費用，幾乎都是定額。而另一方面，資產或收入愈高，其節稅效果也會等比例提高。因此，資產或收入愈多，從避稅天堂的獲利也愈大。避稅天堂會讓富者愈富。愈是全球性的大企業，愈會將專利放在避稅天堂來節稅，這也是類似的現象。家附近的蔬果店則沒有這樣的節稅技巧。

但避稅天堂與民主主義的詛咒又有什麼關係呢？

請大家回想一下。民主主義現在看起來也很像是將接連的失敗加諸在市民身上的一種政治稅制。愈是民主國家，經濟成長停滯愈嚴重，這項我在第一章「故障」中指出的事實，可比擬成民主主義的政治制度向市民課稅的情況。這麼一來，就像**有避稅天堂一樣，不就也可能會有政治上的「民主主義天堂」嗎？**

對於將沒效率和不合理強加諸在人民身上的既有民主國家感到死心的世界。從頭重新設計政治制度的獨立國家、都市群，為了提供更好的政治和行政服務，對企業和「國民」展開招攬或篩選的世界。新國家群像企業一樣競爭，將政治制度化為資本主義的世界。這可說是**超越一開始提到的資本主義與民主主義崩毀的兩人三腳，打算將一切都改爲資本主義的計畫。**

現今的避稅天堂為了招攬資產家和大企業，藉由降低稅率、讓人不容易從外部看出資產資訊、簡化手續，彼此相互競爭。焦點往往會像稅率一樣，變得單純只看金錢的損益。但除此之外，也能想出各式各樣的「X天堂」。例如主打政治制度自由化和限制寬鬆的民主主義天堂。未來各式各樣的新國家將會以人權或家庭制度相關的價值觀為主軸，朝各種方向開枝散葉。或許所有成員都是由裸體主義者組成的裸體沙灘國，也有可能成立。

朝民主主義天堂發展？

或許有人會認為這是過於誇張的幻想。但其實在世界各地正在進行這樣的嘗試。人們常說，地球最後邊境是占去世界一半海洋的公海。反向掌握不受任何國家支配的公海特性，建立一個漂浮在公海上的新國家群，也有這樣的計畫。這是人稱**「海上家園（The Seasteading Institute）」**的新國家設立運動（圖 8）。其他展開類似嘗試的團體，有「藍色邊境（Blue Frontiers）」（目前停止活動）。這種構想之所以會付諸執行，其背景是因為像郵輪這種大型船舶的建造費用下降，且技術面、費用面的現實性增加。

這項運動獲得彼得．提爾（Peter Andreas Thiel）的投資和援助，他是當初成立 PayPal（時價總額數十兆日圓）和 Palantir（時價總額數兆日圓）等企業的創業

圖 8：海上家園構想

出處：OCEANIX/BIG-Bjarke Ingels Group

家，同時也是最早為 Facebook 出資的投資家。提爾援助海上家園構想並非偶然，身為知名創業家、投資家的提爾，同時也是一位政治運動家。在二〇一六年的美國總統大選中，他公開支持川普，廣為人知。其背景可以看作是提爾對民主主義的嘲笑和鄙夷。他曾說過這麼一句話，引發熱議：

「我已經不相信自由和民主主義可以並存了[2]。」

誰的「自由」，什麼的「自由」？指的應該是像提爾這樣享盡運勢、才能、資產之福的強者，能開拓邊境的自由吧。

而這種自由的枷鎖，正是民主主義。我自己對他說的話進行意譯，意思大概是「讓那些仗著民主主義這個擴聲器，只有聲音很大聲的笨蛋們來阻礙我們的野心，我已經受夠了」。

如果推測他的構想，大致如下：不論再笨再窮的人，都同樣給他們一票的選舉民主主義，是阻礙擁有特異才能和經驗的人們開拓邊境，阻礙其創造出價值和差異的一種制度。這種凡人至上主義的程序，要盡可能避開。決定和改革，要盡可能不透過民主的手續，讓強者可以獨斷獨行。他們完全展現出這樣的傳統野心。因此，提爾以及和他有著類似想法的強者們，很認真地思考，要讓獨占企業、封閉社區成為輕鬆就能辦到的事，或是讓加州獨立，在海上、地底、宇宙空間設立全新的獨立國家，為了加以實踐，投入了數億日圓。

為什麼公開支持川普，從他的構想就能理解，川普就像是一顆從內部去破壞民主主義的活炸彈，感覺他對川普充滿期待。就他們來看，現有的民主主義已淪為大多數無知又沒為社會帶來創造的人們散發怨念的一種制度。而川普就是透過這樣的民主主義誕生，充分展現民主主義醜陋面的活炸彈，他想讓川普成為民主主義崩毀的象徵，展現在世人面前。告訴世人，民主主義沒被破壞，它因為太過可恥，已徹底崩毀，應該是近乎這樣的構想。這份情感具體呈現在建設上，就此成了海上家園這樣的新國家設立運動。

獨立國家的秘訣1：從零開始做起

這可不光只是億萬富翁們的海上都市遊戲。類似的構想以各種大小不同的形式，由有形與無形的人們推動。唯有擁有類似價值觀和資產的同「階級」的人們，打造只有他們才能出入的居住地，在部分國家裡，像這樣的嘗試愈來愈多。這就是封閉社區。在封閉社區內建立獨自一套完整的稅制，並自行備有警衛、監視、保育、教育，這種情況也很常見。走到這一步，便已逐漸呈現出準獨立都市的樣貌。

還有個更古老、令人感傷的軼聞。那就是夢幻的獨立國「玫瑰島」（圖9）。玫瑰島是大約二十平方公尺的金屬人工小島，由愛做夢的技師喬治・羅薩（Giorgio Rosa）與幾名志同道合的人組成的團隊，在靠近義大利外海的公海一帶建造而成。那是一九六八年五月的事。同時具備了簡陋的酒吧和俱樂部的玫瑰島，馬上便成了奇特的觀光景點，備受矚目。而建造者自己也以總統之姿，自行宣布玫瑰島獨立，並著手發行市民權和護照。且開始與聯合國交涉，想讓聯合國承認它是獨立國家。

但義大利政府可沒默不作聲。就在他們發布獨立宣言後，因為逃稅等嫌疑，警察和查稅官員登上玫瑰島展開搜索。比較有問題的是，義大利的主權是否能擴及位於公海上的玫瑰島。這點在義大利最高法院引發爭論，隔年，義大利政府勝

圖 9：超現實的玫瑰島共和國

訴。接獲判決後，玫瑰島被義大利海軍炸毀，建造後僅過了短短的半年多，便在一九六九年二月被消滅。也號稱是義大利共和國史上唯一的武力侵略。

玫瑰島以微型國家（microstate, micronation）當中最極端，且令人感到興奮的形態，為海上獨立國家的構想帶來靈感。而特別喜歡反骨題材的 Netflix，在原創電影《玫瑰島》中描寫了它古怪的始末[3]。

另外，知名的海上微型國家，還有一九六七年出現在英國外海的西蘭公國

（Principality of Sealand）[4]。與已經被既有國家炸毀的玫瑰島形成強烈對比，西蘭公國至今仍浮在海面上。

獨立國家的秘訣 2：奪取既有的東西

不是從零打造，而是對既有的國家或自治體重新利用，這也是個方法。法國革命也是從奪取地方議會展開，此事廣為人知。而在現代，只要大量遷往某個自治體，掌握過半的居民人數，就能控制該自治體的選舉。就連日本東京千代田區的區長選舉，最新當選人（二〇二一年）的得票數也要 9534 票[5]。如果能**有一萬人移居此地，就連首都重要選區的區長選長也能奪取。**如果有一萬人做為選舉的遊牧民團結在一起，依序拿下各地的首長選舉，就能大量產生最年輕的首長。

少數派和多數派的情勢逆轉，也不是不可能。就整個國家來看，算是極少數派的年輕人，如果也能大舉湧入特定的自治體，則在那個地方就成了多數派。少數派與多數派便能展開局部的逆轉。

這種奪取自治體的先驅案例，在一九八〇年代就已存在。此事發生於印度，主角為當時席捲全球的新興宗教領袖薄伽梵．師利．拉者尼舍（通稱 Osho）。因為出了問題而被逐出祖國的這群人，在美國成群遷往奧勒岡州的鄉下小鎮定居。他們開墾新地，就此長住，接著採取了驚人的策略。那就是以免費公車派往全國各地，以「提供生活據點」這樣的誘因，吸引大量遊民入住。就此掌握鎮上過半的居民人數。這同樣在 Netflix 的原創紀錄片電影《異狂國度（Wild Wild Country)》中，記錄了他們驚人的活力以及奪取自治體的作戰經過[6]。不過，這個嘗試以及新興宗教團體，最後都以充滿戲劇性的悲劇結束……

也能從零建立起獨立國家。或是奪取既有的自治體或國家，寄生其中，培育出準自治區。因為在區塊鏈技術的支持下，Web3 振興，設計出新的政治經濟制度（選舉與協議的機制，以及貨幣與證券的機制）的線上社群，也像雨後春筍般冒出。

或許在不遠的未來，資產家們便會逃往這些對中意的政治制度展開實驗的海上國家或數位國家。他們的視線前方，已看到公海、海底、宇宙，以及元宇宙。

獨立國家：做爲多元性與競爭性的極致

這樣的獨立國家構想，已化為「自由私立都市（Free Private City）」這樣的概念[7]。提到民主主義的主要元素，常會舉競爭性和多元性為例，而自由私立都市可說是反向加以利用的一種戰略。擁有不同的利害關係、意見、意識形態的政治主體，一同加入提出異議的多元性，以及他們透過選舉置身在競爭中，接受篩選的競爭性。

圖10：「獨立」的諸相

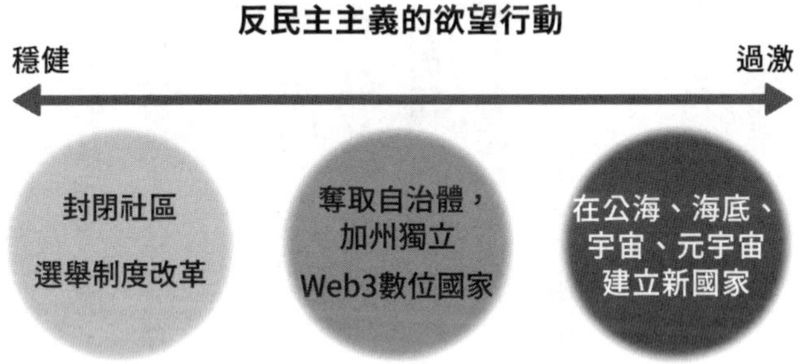

有人從中分析出競爭性，做為期望的民主主義特性，他正是《資本主義、社會主義與民主》（一九四二年）的作者約瑟夫・熊彼得（Joseph Alois Schumpeter）[8]。而最廣為被運用的競爭場合便是選舉。這個觀點釋放出強大的磁場，造就出「說到民主主義，就想到選舉」的這種至今仍根深柢固的偏見。儘管熊彼得這論點的本質並非選舉本身，而是在於它造就出的競爭，以及根據品質所做的篩選。對於強調競爭性的熊彼得來說，民主主義是用來給權力者施加緊張感，確保政治、立法、行政之決策品質的手段[9]。

美國的政治學家羅勃・道爾（Robert Alan Dahl）[10]，將做為提高品質手段的民主主義，重新定義成有其自身價值的目的與理念的民主主義。雖然聽起來有點難懂，但其實沒什麼。在透過競爭保有品質之前，抱持各種想法的人或組織都能參與政治，一起共存，是很崇高的展現——這就是他的想法。

熊彼得的強調競爭性，與道爾的尊重多元性，有其共通點。那就是競爭性和多元性是在某個國家「中」發生的事和性質，算是國內的事務。我們試著將它轉換成國與國「之間」吧。雖然尚未存在，但有可能成立的眾多虛擬國家的多元性。以及舊有國家透過競爭，遭受新國家威脅的競爭性。**國家和都市「之間」的多元性與競爭性，是自由私立都市的獨特性。**

熊彼得從民主主義中看見只限定於國家內部的資本主義性競爭。對此，自由私立都市則幾乎完全排除這樣的限定，引進跨越國境的全球化資本主義性競爭。一切全成了資本主義，成了商品或服務。就連政治制度也是。在這個意涵下，**自**

由私立都市也可看作是政治性成果報酬的究極形態。對成果的報酬，是國和都市的存續，而對失敗的懲罰，則是國家和都市的滅亡。

將一切都變成資本主義，或是○□主義的放寬限制

不光是獨立國家。逃向邊境算是智人的一種本性。二〇二一年，亞馬遜的創始人傑夫．貝佐斯也展開了太空飛行。在飛行後的記者會中，貝佐斯說「我要感謝亞馬遜的員工和顧客。因為是各位支付我這趟太空之旅的費用」，致上他的感謝，就此引來眾多抨擊。一個名為「別讓貝佐斯從太空回地球」的聯署活動，吸引了超過二十萬人的認同，最後發布了這樣一份請願書[11]。

「億萬富翁不該存在於地球或太空。但既然他選擇了太空，就應該留在那裡。」

這句話的口吻像在說，他雖是全球首富，但最後還是得和我們一樣留在地球。不過，要是富豪們逃往我們的社會外，會是怎樣呢？

二十一世紀後半，億萬富翁們也許會消失在宇宙，或是海上、海底、天空、元宇宙，創造出一個徹底從民主主義這個失敗裝置中解放開來的「成功人士為成功人士打造的國家」。選舉或民主主義也許最後只會淪為只有資訊落後的窮國才有，看了令人感到懷念，忍不住嘴角上揚，一個沒效率和不合理的象徵，就像我們嘲笑的鄉下小鎮聚會一樣。

逃離這樣的民主主義，可說是繼法國大革命、俄國革命之後，二十一世紀真正的政治經濟革命。如果說法國革命、美國革命戰爭算是民主主義革命，俄國革命算是共產、社會主義革命，接下來該發生的有可能是資本主義革命。

話雖如此，一位好心人士告訴我，如果真的展開獨立運動，當然就不用說了，就連因為使用公共的無線電波呼籲獨立運動，在日本似乎也有可能觸犯刑法78條的「內亂預備罪」，在其他國家也類似的法律規定。如果要投身獨立運動，希望能先找律師諮詢，了解當中的危險，再奉獻你的人生（不過，哪裡有接受這種諮詢的律師呢？）。

資本家專制主義？

當然了，這會馬上令人擔心起來。擔心能前往新「國家」的人，該不會只有富裕階層吧？而這樣的新國家，會不會陷入那些擁有資本的人所把持的獨裁政治呢？會不會揭開這個潘朵拉之盒後，才發現結果是「民主主義還比資本專制來得強」。

會有這樣的擔心也是合情合理，但相反的，它存有希望，一個脫離的希望。

一般的國家都是採取國民難以從中脫離的機制。能簡單從中脫離，由他國接納的，只有有錢或有能力的人。正因為不是那麼容易就能脫離，大家才會那麼不情願地繳稅，遵從法律。

另一方面，將一切都變成資本主義的新國家就不同了。新國家就像商品或服務，國民挑選國家的力量會大增。而國家方面也能說「我們有可能會成為資本獨裁，在此先致上歉意。不過，如果您不喜歡，隨時都能自由離去」。脫離權是預防邪惡的資本獨裁發生的希望[12]。

新國家同時給人一種樂觀的預感，覺得它最後也會對一般民眾開放。得到錢財和權力的人，最後會想被吹捧為偉人，想得到認同，達成欲望。而想得到認同，達成欲望，就會促成對弱者的施捨。

同樣的情況，也可套用在新國家。當然了，一開始應該會篩選出有資產、有素質、有影響力的高級國民，建立國家的品牌吧。但為了替換掉舊有的國家，新國家早晚也必須擁有包容平民的世界性意識形態，或是世界性福利。因此，靠抽選的方式接受貧民的可能性很高。

與逃離鬥爭

話雖如此，逃離有其陷阱。就算因為新國家紛紛成立，而能逃離民主主義，但也只是逃離問題而已，這才是問題所在。

話說回來，逃離民主主義是了無新意，暴發戶式的構想。用鈔票來替民主主義的詛咒擦屁股，將選票產生的詛咒替換成金錢產生的詛咒，只是將問題替換罷了。雖然人們常用「加速主義」這種宛如別有深層含意的口號，但簡單來說，聽了只覺得這句口號的意思，是擁有資產和高 IQ 的人想要加速逃離笨蛋與窮人的嫉妒與阻礙。是透過歷史而經過各種改變的富豪主義、菁英主義。因為受夠凡人專制而被課政治稅的民主主義，而逃向選民們的避稅天堂和民主主義天堂的資產家們，不會想要解決民主主義內部存在的問題。

要嘗試構思社會，往往最後都只是將既有的敵人換成新的敵人。因為建設新國家而逃離民主主義，同樣也不例外。追求封閉社區和海上都市這樣的獨立，以此做為典型的反民主主義運動，因為對民主主義太過失望，而將推動民主主義的資訊落後和貧窮誤認為敵人。在這樣的世界觀下，握有世界的祕密，開拓邊境和利潤的資產家是朋友，而因為無知，只會以嫉妒和憎恨來阻礙的民眾，則成了新的敵人。

然而，藉由排除笨蛋和窮人，而覺得問題就此解決，感到心情愉悅，就像藉由皮膚表面的按摩，而覺得身體康復，心情變得愉悅一樣。這是另一種笨蛋，另一種窮人。就像是只要骨骼和肌肉沒改變，身體所抱持的問題就沒根治一樣，只要不去改變制度，民主主義的問題就不會根治，只是朝臭不可聞的東西蓋上蓋子罷了。

執著於區分敵友，始終換湯不換藥的這種習性，希望能從中逃離。不是要與逃離民主主義鬥爭，以大眾當假想敵，而是當作朋友，再次納入民主主義中，難道就沒辦法做到嗎？這樣的民主主義構想，才是我們應該認真思考的課題。未來獨立國家將會到來，而這就是應該將獨立國家這個箱子的內容填滿的構想。

1 Zucman, G. The Hidden Wealth of Nations: The Scourge of Tax Havens. University of Chicago Press, 2016.

2 Thiel, P. "The Education of a Libertarian." Cato Unbound, April 2009.

3 Sibilia, S. L'incredibile storia dell' Isola delle Rose. Netflix, 2020. （《玫瑰島共和國》）

4 Taylor-Lehman, D. Sealand: The True Story of the World's Most Stub born Micronation and Its Eccentric Royal Family. Diversion Books. 2020

5 千代田區「令和3年1月31日執行千代田區長選舉」

6 Way, M., and C. Way. Wild Wild Country. Netflix, 2018.

7 Quirk, J., and P. Friedman. Seasteading: How Floating Nations Will Restore the Environment, Enrich the Poor, Cure the Sick, and Liberate Humanity from Politicians. Free Press, 2017

8 Schumpeter, J. A. Capitalism, Socialism, and Democracy. Harper and Brothers, 1942.（《資本主義、社會主義、民主主義》東洋經濟新報社，1995 年）

9 山本圭《現代民主主義－從指導者論到熟識、民粹主意》（中央公論新社，2021 年）

Przeworski, A. "Minimalist Conception of Democracy: A Defense." In Democracy's Value, edited by Ian Shapiro and Casiano Hacker-Cordon. Cambridge University Press, 1999.

10 Dahl, R. A. Who Governs?: Democracy and Power in an American City. Yale University Press, 1961. （《誰統治？：一個美國城市的民主和權力》，1988 年）

Dahl, R. A., L. Shapiro. On Democracy. Veritas Paperbacks, 2001 （《何為民主主義？》岩波書店，2020 年）

11 "Do Not Allow Jeff Bezos to Return to Earth." Change.org

12 Hirschman, A. O. Exit, Voice, and Loyalty: Responses to Decline in Firms, Organizations, and States. Harvard University Press, 1970.（《叛離、抗議與忠誠》，2005 年）「『然而也需要注意，專制國家的 GDP 統

計往往有誇大不實的疑慮。』」Martínez, L. R. "How Much Should We Trust the Dictator's GDP Growth Estimates?" Journal of Political Economy, 130 (2022).

第四章

構想

提問

能否不是從問題上避開目光逃離，
而是創造出一套機制，更純粹地體現民主主義的理念？
沒有選舉，也沒有政治人物的民主主義，不可能存在嗎？

邁向沒有選舉的民主主義

希望能與逃離民主主義鬥爭，讓民主主義重生。那該怎麼做才好呢？這時候需要的，是依據將民主主義逼入瀕死狀態的現今世界環境，重新發明民主主義。也可說是重新發明一套制度，可以更正確，且恰如其分地具體呈現出民主主義的理念。尤其是要反過來利用那幾乎將整個世界和民主主義吞噬殆盡的演算法技術的環境，讓選舉得以更新。

首先請想像一下：如果沒人要去選舉，在這種沒有選舉的世界，民主主義還有可能存在嗎？這並非只是幻想。一九八〇年高達75％的日本眾議院選舉的投票率一路下滑，到了二〇一七年，已衰退到54％。至於參議院選舉，二〇一九年的投票率已跌破一半，來到48％[1]。儘管理應喜歡選舉，過半數的選民卻放棄參與國政選舉，而且還是在有空閒的高齡者愈來愈多的情況下。選舉或許也會和報紙、電視一樣，是會面臨數字靜靜流失的傳統娛樂。民主主義以及政治，既然和選舉已經是命運共同體，則民主主義也只是處在逐漸衰老的路上。

不，不對。我很想說一句。**沒有選舉的民主主義是有可能的，很希望它能實現。**

我想提議以「無意識民主主義」來做為沒有選舉的民主主義形態，也可稱之為感應民主主義、數據民主主義、演算法民主主義。這是要花數十年的時間，看準二十二世紀而投入的運動[2]。

「不過，如果將民主主義看作是單純的政治做法，那可就錯了。民主主義的根本，其實存在於更深的地方。它在每個人心中。」（戰後不久的一九四八年，文部省出版的國高中生教科書[3]）。

因為這樣，我們試著看看自己的內心吧。從網路或監視器捕捉得到的日常對話、表情、身體反應、熟睡程度、心跳數、腋下出汗量、多巴胺、血清素、催產素等神經傳導物質，或是荷爾蒙的分泌量……能掌握人們有意識和無意識的欲望與想法的所有數據資料來源中，會洩露出人們對各種政策論點或討論的意見。而存在於這當中的，是「那個制度好」、「哇，真討厭……」等民意資料。像輿論調查或「國際價值觀調查（World Values Survey）」這一類的價值觀調查，全年無休，而且大量地從無數的角度，持續針對所有的問題、文脈展開調查。

過去曾是用來得知民意資料唯一管道的選舉，現在已降格成了眾多管道之一，相對成了其中一個數據資料來源。吸收各種民意資料，與多種管道相互融合重疊，藉此化解像選舉等各種管道難以避免的資訊偏差。因為特定管道的重要性過度提升，而被有心人士入侵的危險，也會就此避免。

經過自動化、機械化的決策演算法，會從收集到的數據資料導引出對各種論點和討論的決策。決策會針對各種論點和討論來進行，而不是針對政黨或政治人物。決策演算法的設計，是除了人們的民意資料外，再加上 GDP、失業率、學歷、健康壽命、幸福度等各種政策成果指標，組合成目標函數，讓它達到最佳化。而民意資料，則是用來發現「人們想透過政策達成什麼」的這種價值標準。再來是成果指標資料，用來根據這項價值標準，展開最佳的政策選擇。

決策演算法能不眠不休地工作，同時一起處理多個論點和討論。人們已不太需要有意識地針對各個論點去思考或決定。這就是「無意識」民主主義的原因。人們主要扮演的角色，已不是選擇或負責。大部分都是委由機械和演算法來進行價值判斷、推薦、選擇，當出現什麼奇怪的現象時，提出異議，加以拒絕的守衛角色，才是人們該扮演的。政治人物會被軟體或貓咪取代。我到底在說些什麼東西，就讓我依序說明吧。

所謂的民主主義，是資料的轉換

所謂的民主主義，是資料的轉換，我想從如此武斷的斷言展開。所謂的**民主主義，也就是輸入表達眾人民意的某個資料，輸出某個社會決策的某個規則和裝置，**就是這樣的觀點。因此，民主主義的設計便是設計(1)輸入的民意資料、(2)輸出的社會決策、(3)從資料來計算出決策的規則和演算法（計算程序）（圖11(A)）。

做為資料轉換的民主主義，其最簡單易懂的例子，當然就是選舉了。做為民主主義的具體呈現，我們都用得很理所當然的選舉，就某個意涵來說，只是資料的合計。以人工的方式做出像政治人物或政黨這種選擇用的單位或記號，由各投票者從一整排記號中，投給自己喜歡的。而投票資訊是以類似多數表決的某種固

圖 11（A）：做爲資料轉換的民主主義

輸入某種民意資料 → 某種決策規則、演算法 → 某種社會性決策

圖 11（B）：選舉民主主義

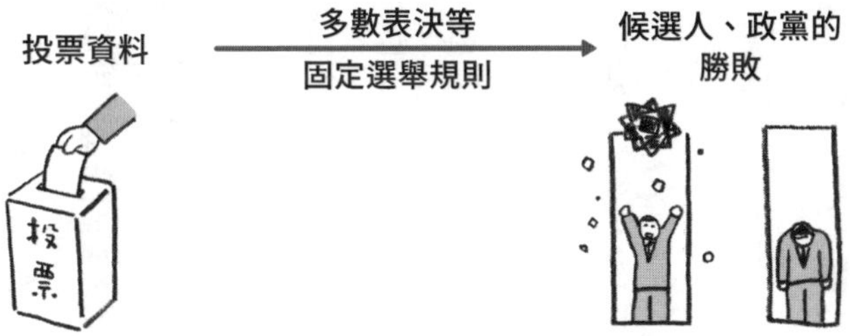

圖 11（C）：無意識資料民主主義

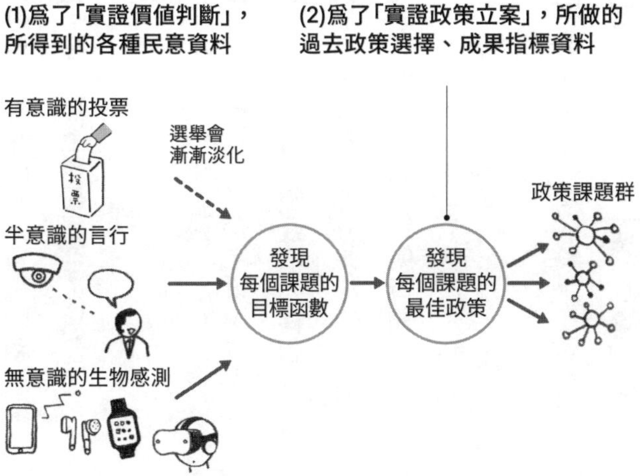

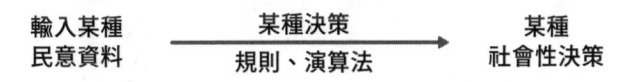

定規則來合計，決定出誰勝利，或是哪個政黨掌握政權。輸入投票資料，以這個資料來決定「哪位政治人物當選」「哪個政黨掌握政權」，輸出的大致規則和演算法就會展開運作。**選舉可說是一種資料處理裝置，在設計上粗糙得令人驚訝，單純又明快的資料處理裝置**（177頁圖11(B)）。

那麼，為什麼選舉這麼粗糙的資料處理裝置會以如此尊大之姿坐鎮民主主義核心呢？並不是因為選舉使用的資料質量多好。只從參選的少數政治人物和政黨中選出喜歡的一個，這樣的投票資料，是只能反映出投票者一部分想法的貧瘠資料，這點任誰都看得出來。也不是因為資料處理的方法很講究。眾所皆知，像多數表決這種常用的合計規則，滿是缺陷[4]。

儘管如此貧瘠，又滿是缺陷，但我們之所以能接受選舉，是因為早在數百年前，能以全國為對象來設計和執行的資料處理裝置，就是選舉。而它也透過法律和歷史，得到正統性和權威性。由於開始和結束很明確，就像可以清楚決定贏家和輸家的遊戲一樣，有其透明性，所以能避免以暴力或內戰展開充滿血腥的決策，這點肯定也是重要的關鍵[5]。

反過來說，要是現在才要從零開始將民主主義制度化，肯定會出現某個和選舉不一樣的東西。民主主義採用的資料質量，以及資料處理方法，還有很多改善的空間。能將**民主主義決策這種資料轉換上的「輸入方」和「輸出方」，連同質量一起大幅擴展**。其中一個例子，就是177頁圖11（C）所示的無意識資料民主主義。我將依序來說明這個複雜又奇怪的意象。

提高輸入方的解析度，改變入射角

首先該做的，是提高解析度，從各種角度來取得民意或一般民衆想法的相關資料。現代就算不仰賴選舉，每天都還是會湧現出各種與人們的想法、價值觀、需求有關的資料。我們的民意都會反映在這些資訊上，只要將這個理所當然的事實插入做為資料轉換的民主主義中，足以與選舉並列的民意資料取得管道將會一口氣增加為上千個之多。人類就是因為試吃了牛的內臟、海參這類能吃的東西，才就此成長。能用的資料，就該大膽嘗試，這是民主主義的輸入輸出過程中的輸入資料，煮成的奇特食材大雜燴。

做爲資料的民意1：聆聽選舉的聲音

用來發現目的的民意輸入資料，我們來看一個淺顯易懂的例子吧。那就是**對**

於選舉中發生什麼事，人們想要何種政策，加以記錄的資料。看選舉相關的統計或報導，往往只會出現粗略的統計資訊，也就是各政黨候選人占了幾席的資訊。然而，在選舉中投票的人擁有各種屬性，有他們過去是經過怎樣的緣由來面對這次的選舉，有其來歷相關的資訊。舉例來說，這次投票給執政黨的人，也許就是上一次政黨輪替時改投在野黨的人，後來對在野黨政權的差勁表現感到絕望，才又重回執政黨。如果能擁有對方的年紀、性別、家庭構成等資訊，就能以更高的解析度來了解選民的行動及其背後的想法和情感。

另外也有這樣的嘗試。美國企業 L2 公司和 Catalist 公司，估算和預測每個選民是怎樣的人，何時參加過哪場選舉，投票給誰，花了數十年的時間，追蹤數億人，建構了一套選舉資料。再加上二〇一六年的總統大選時，讓人對傳統的民調失去信任，現在這些企業的數據資料，已被視為美國選舉中最可靠的資訊來源。

如果使用這些資料，就能預測何種背景的選民會尋求怎樣的政黨、政治人物，以及政策。不會只停留在投票行動和選舉結果這樣的層級，能以更高的解析度來掌握選民的想法和欲望。如果使用如此大量的資料，就不用光靠過去使用的那種單純的多數表決，而能以平均餘命來對選票加權，或是設立不同性別和每個世代的定額（配額）制，模擬假想的選舉機制。就像我在第二章「鬥爭」所介紹的。

對於日本的選舉，也做過類似的嘗試。我自己也曾靠同伴幫忙，以暑假自由研究的形式，獨自收集資料，公開過一份「＃真實選舉分析　參議院二〇一九計畫」[6]。從這項調查中得知，在日本，像學歷、年收、世代、性別等能從外部觀察得知的選民屬性，與投票行動沒多大關係。倒是有件事反而在預測投票行動上顯得很重要，那就是「內心層面」。從這份資料中得知，像「你覺得這是個努力就能得到回報的社會嗎？」「你能描繪出社會光明的未來樣貌嗎？」，這種模糊不明、主觀，而且很內心層面的問題，會做出怎樣的回答，是決定對方是否認同執政黨的關鍵。

這樣的數據資料，不光可從中推測出得票「率」，還能推測得票「質」。相對於得票率只是定量呈現出「有多少人投票」的結果，「得票質」甚至能呈現出「誰如何投票」這樣的過程和背景，所以我給了它這樣的稱呼。

而測試這種「質」的嘗試，其實就存在於電視的世界。對用來表現「有多少人在收看節目」的收視率，提供將「誰在看（鎖定個人）、怎麼看（收看姿態）」數值化的「收視質」，這正是 TVision Insights 公司的資訊產品。藉由將搭載了人體認知技術的感應器裝設在電視上，每秒鐘讀取坐在電視機前的每個收看者的視線，測出其收視質。這樣的嘗試擴展到選舉世界中，應該能累積許多得票質的資料吧，而新聞和政見的相關收視質資料，將成為效果等同選舉的資料。

做爲資料的民意2：聆聽會議室的聲音

話雖如此，選舉資料實在太過平穩，過於普通。民意的資料化，應該會跳脫出選舉這種傳統儀式，擴及到市街上的聲音吧。將聲音情感解析裝置「Empath」（Empath公司）與交流視覺化系統「Transparent」（Audio Metaverse公司）融合的裝置，會記錄會議室裡的意見或聲音的高漲，加以視覺化。而標榜「以音聲環境分析讓溝通更加豐富」的Hylable公司，也將線上會議的每一位參加者的發言次數和數量數據化，以視覺來呈現。在麻省理工學院率領社會機械集團（Social Machines Group）的黛布・羅伊（Deb Roy），以自己家人當實驗的「Human Speechome Project」，以無數個麥克風和監視器，多點定時觀測家人的聲音與身體的動作，做為多重時間空間影片加以累積。

做爲資料的民意3：聆聽街角的聲音

將人們的聲音數據化，將會超越會議室或家庭，逐漸滲透進這世界的每個角落。例如素以國營的監視器網路已覆蓋全國而聞名於世的中國。有趣的是，一部分國營監視器的影片，在某個時期前都是公開在網路上。而注意到這點的，是昔日以許多亂用假漢字作成的作品，將真假虛實的交界藝術化的美術家徐冰。徐冰僅藉由剪貼國營監視器網路所記錄的真實世界影片，就轉換出一個煞有其事的假故事，完成了一部電影。仿效號稱有兩萬八千個眼睛的蜻蜓，命名為《蜻蜓之眼（Dragonfly Eyes）》。

對監視器、麥克風捕捉到的政治人物和政策的讚賞、嘲笑、批評……就連做為資料記錄在服務提供者那裡的資料，也是一種民意的展現。是日常生活做為副產物所造就出的新品種輿論調查和價值觀調查。難道不能以匿名的方式，將這種民意資料用在社會性的決策上嗎？如果用很簡單的想法來思考這個問題，感覺其實沒什麼多深奧的緣由。只要願意放下一次成見，就能得到存在於這世上，而且將會存在於今後的社會上，會告訴我們究竟想要怎樣的政府，以及政策的所有資訊。這就是我以「民意資訊」這個名稱來稱呼的那個東西的真實身分。

做爲萬花筒的民意

超越選舉，擴展至半意識、無意識的反應上的廣大民意資料，扮演著兩個角色。一是提高對民意的解析度，一開始列舉的選舉資料，可說是提高民意解析度的好例子。

民意資料扮演的第二個角色，是改變資料的種類，這話怎麼說？如同萬花筒一樣，會隨著光照的角度而呈現出各種不同的表情，這就是民意。因為某天有選舉，而有人請我們正式投下一票時，我們所表明的意見、在輿論調查下，電視臺的麥克風比向我們面前時表明的意見、在小規模的內部談話活動時，不小心脫口說出的意見、回家後，與親朋好友悠哉地閒聊時說出的意見，全都不一樣。早上和晚上說的不一樣，空腹時和吃飽時說的也不一樣。

現在的選舉，只會考量到前面提到的第一個用投票用紙表明的意見。就像只會從斜上方45度角拍攝民意的表情一樣。不過，與它完全不同，更為散漫鬆懈的資訊，也是民意另一種表情的展現。藉由擴展擷取民意資料的角度和視野，能掌握到若是光從特定角度來看，無法明白的民意全貌。

偏差、竅門，以及民意資料的集成

為什麼要從各種角度去汲取做為萬花筒的各種民意表情呢？因爲不管怎樣的偏好、想法、價值觀的表明，都會受到表明時使用的管道、感應器、介面的影響，而產生偏差，藉由將各種管道組合在一起，有可能消弭這樣的偏差。

從會議、街頭等地方展現出的民意資料，當然會有偏差。但選舉的投票同樣也十分偏差。因為在不斷獲得資訊，經過深思熟慮後，拿定主意做出選擇的這個方針下，其實有各種證據顯示，電視、社群網站不斷播放政治人物精心安排的用語和表情，我們都在無意中受其誘導。在毫無根據下想區別這兩種偏差的想法，根本就是「只許選舉能扮演這個集結眾人聲音的重要角色」，是既得權利者的歧視意識。**人們要的是放寬對公共意志的限制。**

或許某個地方會有真正完全透明的「民意」和「公共意志」，這種幻想必須捨棄。我們能做的，並非是找出完美無缺、沒半點偏差的單一民意汲取管道和感應器，更何況選舉並非這種管道。我們能做的，反而就只有**避免過度依賴像選舉、Twitter、監視器這種個別的管道和感應器，而是對無數種管道都給予些許的依賴，以避免朝特定的方向過度偏差。**

而給予我們提示的，是機械學習、人工智能、統計學的傳統。在這種領域下，要求的是從輸入資訊 X 正確地預測出資訊 Y。想要做出圖片搜尋引擎，其追求的目標是當 X 是圖片的像素數據時，能預測判斷出像「那個圖片裡是不是有貓」這樣的 Y。如果想製作聊天機器人，則 X 是之前對方所說的話，Y 是接下來對方會說的話。如果是天氣預測，X 是各種雷達和氣象衛星得到的雲層和風的動向、氣壓等感應資訊，Y 則是明天的天氣和氣溫（190頁圖12(A)）。

為了做出能準確從X預測判斷出Y的演算法，有個常用的詭計。首先是做出許多個會從X預測出Y的演算法，接著取這些演算法的加權平均，做為最終的預測演算法，就是這樣的方法（圖12(A)下）。因為是取眾多演算法的平均，所以稱作平均化（averaging），或者因為是思考演算法的集合，所以稱作集成（ensemble）學習。

構想很單純，各種演算法都含有偏差（偏頗），不夠穩定。但如果將許多

圖 12（A）：一般的機械學習下，多種演算法融合的意象

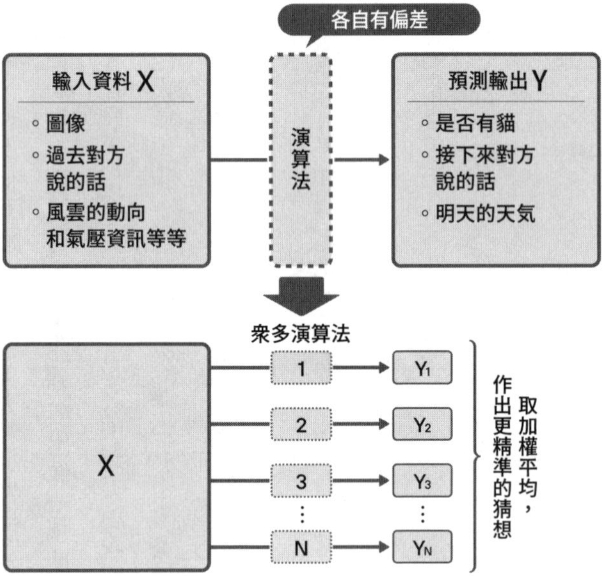

圖 12（B）：無意識民主主義下，多種民意資料和演算法融合的意象

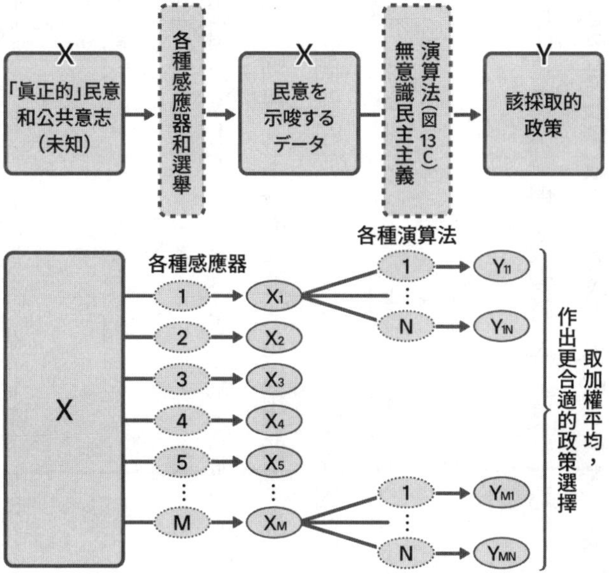

演算法加在一起，取其平均，便能消弭偏差，做出更準確的預測，就是這樣的構想。而在真實世界的運用中，也印證了這個構想正確的情況相當多。

而這與無意識民主主義又有怎樣的關係呢？

希望各位能想起民主主義是資料轉換的這個命題。如果X是民意資料，Y是該採取的政策，則民主主義的課題便是做出能從X決定Y，很適當的資料轉換規則和演算法。問題在於無法直接知道民意X。因此，要使用選舉或其他各種感應器和媒體，擷取暗示民意X的資料。這時候，平均化和集成化的構想能派上用場。

為了以各種演算法來轉換輸入資料X，取其平均值和集成，**無意識民主主義也會從各種感應器去讀取無法直接看出的民意X，取其平均值或集成（191頁圖12（B））。**就像選舉也是和民意有關的一種偏差的資料一樣，其他管道也都有其固定的偏差和偏頗。但**藉由融合各種管道，並取其平均值，就能消弭這種偏差。**將解析度和入射角等，各自不同的各種民意資料組合在一起的優點，也就在這兒。

此外，也希望各位想起在第三章「逃離」提到的競爭性和多元性的討論。也請大家多留意**平均化和集成化的衆多演算法，會爲無意識民主主義帶來資料和演算法的多元性與競爭性這點。**目標是讓多種民意資料來源相互競爭，同時擷取出更好的民意。無意識資料民主主義之所以為民主主義的原因就在此。

以演算法來讓民主主義自動化

實證價值判斷，實證政策立案

從無數的管道和感應器中擷取的民意資料集成，造就出無意識民主主義的萌芽（177頁圖11 (C)）。也可說是隨時連接，沒有選舉的社會性選擇。

吃下加入了公共意志的非構造資料，做出決策，這是無意識民主主義演算法。這種演算法的設計，也是由資料來進行。除了人民的民意資料外，會再加上GDP、失業率、學歷、健康壽命、幸福度等成果指標，為了讓這種組合下的目標函數能最佳化，打造出這樣的演算法。具體來說，決策演算法的設計須照以下兩個階段來進行。

(1)每個論點與討論，都要先從民意資料來讀取價值判斷的標準和目標函數。例如在經濟政策上不可或缺的「為了多少的平均成長，可以容許多大的差距」這種價值判斷，要從民意資料來讀取答案。

(2)接著按照其價值判斷、目標函數，來挑選最適合的政策性決策。在這個階段，可使用過去的資料，來查看過去的各種政策促成怎樣的成果指標，驗證其效果。

(2)近乎所謂的「實證政策立案（Evidence-Based Policy Making; EBPM）」。而另一方面，(1)目前在世界上，幾乎沒人施行，也沒人以此為目標，所以可說是**「實證發現目標（Evidence-Based Goal Making）」和「實證價值判斷（Evidence-Based Value Judgement）」。**這是我自己的造語。是(2)用來找出最合適的手段與刪減浪費的資料與證據之利用，與(1)用來發現目標的資料與證據之利用，兩者相互融合。就這樣，像177頁圖11(C)這種無意識民主主義的全貌就此成立。

論點和討論多如繁星，所以也會有些論點，民意資料顯示大家不感興趣，而從成果資料來看，也不知該如何處理才好。像這種時候，不妨就用亂數（不刻意有做為）挑選。

無意識民主主義演算法的學習、推算，以及自動執行的程序，必須公開。與選舉的規則公開一樣的道理。像開放原始碼的開發社群，須展開驗證與更新，依據區塊鏈建立自律分散型組織（DAO、Decentralized Autonomous Organization），以此展開行動。

這或許有助於說明，它與現今已存在世上的演算法或人工智能有什麼不同。演算法的推薦和選擇，在現今的社會中也在進行。像線上購物，根據用戶的屬性、過去的瀏覽行動資料，而向人推薦商品的推薦演算法，正是其典型。因此，演算法在進行選擇時的價值標準、目標函數，都是演算法設計者所賜。想提高點擊率、想提高收益，這才是其價值標準。演算法負責讓這個價值標準最佳化的服務設計，以及推薦和選擇。而這就是現今社會所用的演算法和人工智能，是(2)「實證政策立案」經自動化的商業版。

無意識資料民主主義會將這種既有的演算法擴張。因為它會從民意資料中學習該以什麼當價值標準。應該做出以下的歸納。

無意識資料民主主義
＝(1)實證價值判斷（新的點子）
＋(2)實證政策立案（過時的點子）

資料與證據的兩張不同的臉

我們試著對(1)和(2)進一步深入探索，在近代民主主義的方針下，引導國家

圖 13：用來改善方法的資料、用來發現目標的資料

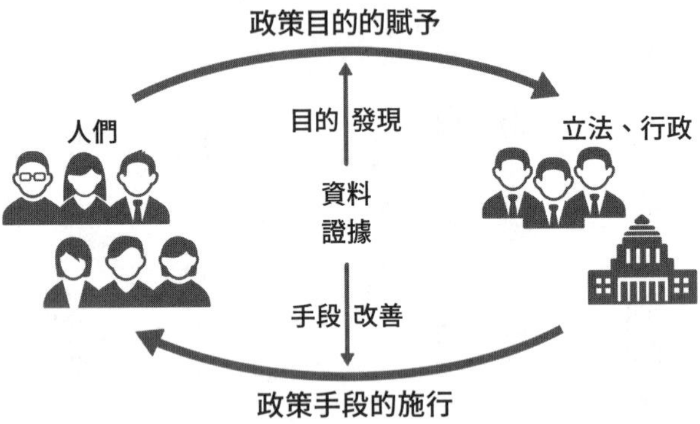

和政策的根源，應該是人們的公共意志和民意吧。用來擷取公共意志的老舊且不夠完善的介面，例如選舉和爭取支持的活動便是。透過選舉、媒體、陳情，而得到國民想法的立法、行政，透過資源、專業性、暴力的占有，執行用來推行民眾想法的政策手段。就是這樣的流程。

但如果試著看這世界，會覺得不太對勁。立法和行政挑選的手段，是否真的有效，令人懷疑。更重要的是，選舉理應是用來擷取公共意志的機會，但這個網子的網孔未免也太大了。只能逼民眾在執政黨 vs. 在野黨、保守 vs. 進步這種

沒切中核心的神祕二選一當中做抉擇，在世界各地一直都在操弄選舉，這就是我們的現況。

因此就出現了「資料」以及「證據」（根據資料得到的證據）。這些成群的文字所扮演的角色之一，就是實證政策。就將政府和自治體數位化、效率化，以數據資料來發現最佳的政策吧──換句話說，就是按照它給予的目標來刪除浪費、改善方法。

然而，資料還扮演了另一個隱藏的角色。那就是發現想法和目的。除了擷取人們有意識的聲音的選舉之外，難道就不能從資料中發現人們沒意識到的沉默需求和目的嗎（圖13）？**將資料與證據這兩個角色融合後，無意識資料民主主義便就此出現。**

要以怎樣的感應器，如何來收集資料，如何計算(1)和(2)，誰握有資料和計算的權限？未解決的問題多得像山一樣高。但已隱約能看出輪廓。這種感覺很重要。

輸出方：超越統括代議民主主義，也超越人類

交由資料去處理，在無意識中自動執行的無意識民主主義，將獲得前所未有的可擴張性（Scalability）與自由度。更重要的是，人們不再需要有意識的思索選項，而海報的版面與電視的尺度已不再是重要的規範。無意識民主主義演算法不懂得什麼是疲累，所以能同時因應無數個政策討論和論點，做出決策。不論選項再多、再複雜，一次數百萬個並列也沒關係。

政策論點有無數個，選民和政治人物對於各個論點的想法和知識，也會有濃淡之分。將它全部統合在一起，在每隔幾年才一次的選舉中，全部託付給特定的政治人物和政黨，這種過度單純、分散的人物依賴構想，得就此打住。要以

「隨時自動並列施行」來替換。以結果來看，過去為了讓選擇和資訊處理能單純化，讓人們得以處理，所以才有其需要的政黨和政治人物，將不再是可供選擇的單位。

什麼能成為決策演算法的選項（輸出對象）呢？那就是多樣且複雜的事，也就是各種政策論點。輸出方要創造出大量的輸出管道，以依照各個政策論點和討論來展開決策，造就出更豐富多元的管道，並提升至更高的層次。再也不必將所有政策論點統括在一起，委由政黨和政治人物來決定。這麼一來，人們的身影都將漸漸從民主主義的輸入方以及輸出方中淡出。

「選舉終究只是多數派的慶典」

重要的是如何擷取少數派的聲音。就像我在第二章「鬥爭」裡提到的，現今選舉民主主義的缺點，就是採用「大家對所有論點都有意見」這種不可能辦到的方針。例如，明明需要與某個特定少數集團有關的制度設計，但幾乎與它無關的多數人持有像亂數般的利害關係和意見，支配了選舉。LGBT（性方面的少數派）法令制度就是典型的例子。

為了解決少數派的問題，提議改革選舉制度已有好長一段時間。那是發送給選民投票消費券，能將自己的選票交給在各個問題上遭受重大影響，或是會帶來影響的人，只有在面對自己認為重要的論點時才購買投票權，這是在第二章「鬥爭」中也提到過的選舉改變。

但有一種拖拖拉拉，消化不良的感覺。話說回來，大家一同參加，同時對所有論點發聲，展開選舉這樣的慶典，這本身就是問題所在，但為什麼大家就是無法對選舉死心呢？為什麼想靠修正選舉規則，來解決選舉所抱持的問題，這正是問題的根源。

乍看很激進的選舉制度改革案，其實只是「選民受教育取得資訊後，頻頻點頭，展開思考，有意識地選擇要投票給誰，投給什麼議題」，過度集中於選舉所造就的「意識民主主義」。就連現狀很單純的多數表決選舉，也對敗在誘導和煽動下，混亂地展開群眾行動的選民，提出改革案，施加「要對什麼議題投下多少投票權」「要將自己的選票託付給誰」這樣的認知負荷。這是意識民主主義的強化。不過，倒不如直接放棄意識民主主義吧？

如果是刻意輕視選舉的無意識民主主義，或許能擷取身爲當事人的少數派沙啞的叫喊聲，以及悲愴的表情。每個個別政策討論，受其重大影響，身陷其中，對此特別關心的人們，其真切的聲音會深深反映在民意資料上。實證價值判斷能重視每個討論真切的聲音。既然愈是重視這真切的聲音，多樣性和幸福度等客觀的成果就愈能提升，則實證政策立案也會尋求成果，做出重視真切聲音的選擇。

這麼一來，扎在民主主義腳底的刺，或許就能取下了。這是「多數派」與「少數派」的相剋，在無意識民主主義下，「多數派」與「少數派」的標籤會淡化。因為在每個論點和時間，演算法和選擇都會不斷轉變的無意識民主主義下，「多數派」和「少數派」都可能會在下個瞬間翻盤，捉摸不定。而在無意識民主主義下，所有人都是多數派，同時也會是少數派。就像選舉表演藝術家外山恆一在參選東京都知事播放政見時大喊一樣，**「如果一切都是由選舉決定，那一定是多數派贏」，而在無意識民主主義下，所有人都會在不同的場面和局面下是多數派，同時也是少數派。**如果**「選舉終究只是多數派的慶典」，則無意識民主主義將會是多數派＋少數派的日常**[7]。

鬥爭的構想

像這樣建構出的無意識民主主義演算法，裡頭已包含了在第二章「鬥爭」中討論到對民主主義故障的所有對策。

(A)選出的政治人物，要對未來、外部世界，以及他人，創造出執行政策的誘因。

↓**無意識民主主義演算法，裡頭含有長期成果報酬年金。**因為無意識民主主義演算法的零件(2)實證政策立案，其定義和建構是為了讓成果最大化。如果將長期的成果指標加入這部分中，就如同是以長期成果報酬年金實質地為無意識民主主義加上動機。

(B)將選民選擇政治人物的選舉規則，朝未來、外部、他人去修正

↓無意識民主主義演算法，是以長期成果報酬年金來加上動機，並受到誘導，朝未來、外部、他人的決策去發展。**沒有修正選舉規則的這種拖拖拉拉又間接的對策，無意識資料民主主義直接朝未來、外部、他人發展。**

而成果指標，也能設定成超越政治人物和選民壽命的超長期指標。這麼一

來，我在第二章「鬥爭」所幻想的「將遙遠未來的成果報酬編入現在的政治中」，就原理來說也可能辦到。無意識民主主義或許還能替那些還沒出生，無法發聲的未來世代，考量到他們的利害關係。能與「只有活在當下的人才能發聲」的選舉缺陷告別。

(C)干預造就出選民的想法同步和偏激言論化的社群媒體，清除汙染

↓不只限於選舉，以無數個民意資料來源混合而成的無意識民主主義，面對網路和社群網站所造成的選民意識，以及選舉的墮落和汙染，能從中逃離一半。

就這樣，無意識民主主義將展現一場與民主主義的故障展開爭鬥的綜合格鬥技。

「一人一票」的新意涵

在無意識資料民主主義下，一人一票的含意也隨之進化。

對各個討論和論點所感受到的真切感因人而異，所以不需要每個人對此都擁有同樣的影響力。換句話說，**對於各個討論和論點，就算不是一人一票也沒關係。**

不過，對於社會和世界全體的真切感，眾人全都一樣，不論是天才、傻瓜、專家、資訊弱勢、億萬富翁，還是窮人，對無意識民主主義的決策，應該都有同樣的影響力才對。

因此**得加以限制，在討論與論點上取得平均的總影響力，或是平均性影響力，都必須得一樣才行。**每個人的資料對決策擁有多大的影響力，這十年來也有人針對複雜的演算法來開發其估算方法[8]。如果借用這種手法，應該就能實現所有人擁有同樣總影響力或是平均性影響力的無意識民主主義演算法了。

抵抗不犯錯主義的隨機化演算法

此時想必各位心裡馬上湧現擔心和憂慮吧。或許會心想，演算法不可能代理政治人物和政黨，要是演算法出錯怎麼辦？更何況「不知如何是好時，就亂數選擇」，更是荒謬。大概有人會這麼想吧。

不過，人們時常在犯錯。只要看那些老挨批的政治人物和我們自己的日常生活，就可明白這個道理，你沒理由認為人類會比演算法厲害。而更殘酷的是，不同於難以改變的人類，演算法一直以飛快的速度在學習進化。

甚至應該說，很歡迎演算法出錯。因為演算法與隨機選擇所造成的錯誤選擇，也許會讓分不清哪個選擇才對，而腦中一片混亂的我們，看見這世界全新的一面。事實上，自稱游牧藝術師的馬克斯・霍金斯（Max Hawkins），對於照自己的喜好，做出「不會有錯」的選擇，覺得很無趣，現在他開始每天早上擲骰子來決定去哪裡，吃什麼食物，過著交由偶然去決定的生活。

藉由演算法和偶然而自動化的民主主義，對於因為不犯錯主義和責任追究而封閉的社會，或許能提供一條生路。而有時隨機選擇會成為社會實驗，告訴我們怎樣的選擇會帶來更好的成果，創造出對未來的無意識民主主義有貢獻的資料。

演算法也會有歧視，帶有偏見

當然了，收集無意識的民意資料也會有危險，因為人們無意識間具有的歧視想法和偏見會就此顯現，有增幅的危險。實際上，從人們的思考和行動的資料中學習時，人工智能（機械學習演算法）甚至能學習偏見、歧視性思考和行動。例如在美國等國家，警察和法院會根據機械學習演算法來進行巡邏，或是決定要不要逮捕和保釋。不過此舉遭到抨擊。因為如果放任不管，演算法的犯罪預測精準度會自行提升，那就什麼事都做得出來，轉眼就會形成民族和性別歧視主義下的演算法。

要如何擔保演算法下的公平和平等，這個問題成了時下正流行的研究主題。我和友人最近在國際電腦學會（ACM）中舉辦了一場名為「演算法、最佳化下的公平性、造訪權」的國際會議。

要解決這個問題有兩條路。一是操控演算法，不讓它從人類這種歧視性動物所創造出的資料中學習偏見，二是從資料來源的人類身上消除歧視和偏見。

我認為前者有望達成，因為與其改變人類，還不如改變演算法還比較簡單。

避免讓演算法變成歧視主義者的方法，正以飛快的速度開發中，只要將這項進展也加入無意識民主主義演算法中就行了。

放大檢視選舉 VS. 民意資料

當然了，前面提到的內容有點過於單純，現今的選舉，也不是某天突然沒任何前兆就展開。在表明經過單純化的想法，分出勝敗的選舉面前，從無數個爭論點中掌握哪個是現在熱門的話題，一邊解讀選民的氣氛和民意，一邊整理出政見和政策包，這都是政黨、政治人物、媒體、政治掮客在做的事。雖說最後只能做票數的粗略合計，但在選舉的過程中，還是反映出有形與無形的民意資料。

不過，在選舉前階段的民意推測，目前仍是尚未明文規定的黑盒子，由相關人士暗中進行，就連紀錄也少得可憐。看在一般選民眼中，以莫名其妙的形式壓縮而成的政策包，不知從哪兒冒出，就此要求他們在這幾個政策包之間做選擇。而且看這些對立的政策包會發現，它們往往都很相似，會讓人分不清政黨之間究竟有什麼不同。

這種與現狀形成對比的無意識資料民主主義，可說是嘗試讓一邊解讀民意，一邊整理出政策包的前一個階段更加清楚地視覺化、明確化、規則化。也可說是嘗試將一切交給軟體和演算法去決定，藉此不會過度包裝化，而能與無數的爭論點對峙。其副產物就是能削減像政黨和政治人物，這種帶有濃濃二十世紀味道的中間團體。

遠離網路直接民主主義

無意識資料民主主義，與「使用網路的直接民主主義」也不一樣。在網路時代，不透過政黨和政治人物等中間團體，所有市民對特定的論點，展開直接投票的這種大規模的直接民主主義，是有可能實現的。古希臘的雅典人聚集在山丘上大聲說話展開的直接民主主義，有可能擴展至全世界。這是在網路黎明期，人們常說的夢想。

的確，如果問說網路直接民主主義就技術性和物理性有沒有可能實現，確實有這個可能。不過，**就算能實現，網路直接民主主義還是有兩大障壁。**

第一個障壁，是它與選舉民主主義一樣，都有同步、竅門、分裂的弱點。第二個障壁，是無法處理一定數量以上的討論和論點。舉例來說，就算有個全球直接民主制 App，一項討論一秒就能投票完成，但要是要求你投票十萬次，你會很想悄悄關閉這個 App 對吧。之所以避免不了這兩個障壁，是因為網路直接民主主義也算是人們有意識地思考，進行投票的意識性選舉民主主義的一種形態。

而能跨越網路直接民主主義這個困難的，正是無意識資料民主主義。無意識資料民主主義不（只）倚賴投票，它還會自動化、無意識化。最後它能同時並行處理多個討論和論點。有意識的投票和選舉所造就出的同步、竅門、分裂，也得以就此變得緩和。

不完美的萌芽

請試著想像在無意識民主主義中加入燃料。就像市民完全信賴手機的推薦，以冥想 App 面對自己的內心一樣，政府要完全信賴無意識民主主義演算法所給的神諭。與選舉和輿論部分隔離，將各種民意資料組合在一起，形成各種論點的目標函數，依照各種論點，自動執行最佳化的政策性決策。

全球軍事決策 OS

目前在某些政策領域上，雖然還不夠完美，但已能部分地看出這種無意識民主主義的萌芽。例如美國的國防部使用 Palantir 公司一種名為 Gotham 的 SaaS（Software as a Service，雲端服務軟體）。能透過衛星等感應器來即時掌握他國戰鬥機、軍艦、潛水艇的動向，當發現有不規則行動時，能先預測出幾種可能的劇本，推薦該採取的行動優先順序。是號稱「全球軍事決策 OS」的產品。也不知道是偶然，還是必然，Palantir 公司的共同創業者，正好也是前面提到的「反民主主義者」彼德．提爾。

金融政策機械

不只有軍事和安全保障。無意識資料民主主義也在經濟政策上萌芽。

例如金融政策，在美國的中央銀行下，有用來協助設定公定利率的總體經濟預測演算法存在，在公開和私下都會對總裁的決策造成影響，**這表示金融政策的決策，有部分已經演算法化／軟體化。**如果將最近的經濟統計資料輸入巨大的總體經濟模型中，經過一番推測後，會出現看起來最合適的金融政策的選項。中央銀行將它看成是有點平庸的神諭，而在決策時納入考量，這種事已經在進行了[9]。

當然了，它仍有其能力的極限，現在中央銀行所用的演算法，讀取的只有像傳統的經濟統計中所記錄的物價、GDP、消費量這些變數。早晚有一天，它會擴張成像世界經濟模型一樣，隨時讀取堆積如山的感應器資料，裡頭轉播著全世界的供應鏈動向、購買行動，以及人們消費時的表情等等。

數據驅動稅制演算法

另外還能舉其他稅制設計為例，稅制是經濟政策的重大問題之一。政府和國家為了運作，必須從國民身上搾取稅金，但要是稅率過高，則每個人都會失去工作的幹勁，經濟就此崩毀。必須決定出不會太高，也不會太低，恰到好處的稅率。

過去幾乎都是政治人物以及被使喚的官員，根據過去的情勢走向、輿論風向、政治掮客的陳情、預算試算表等，經過不眠不休的調整，才決定出稅率。對此，經濟學者基於數學的經濟模型，計算出最合適的稅率，以此做出政策提議。但他們都忘了，何不交由演算法來設計稅制呢？

提出這個構想的 Salesforce 公司與哈佛大學的研究團隊，試著做出人工經濟，以深層強化學習演算法來決定稅制[10]。這也常用在下將棋或圍棋的人工智能上。演算法一面嘗試錯誤，一面動態將決策調整為最佳化。結果似乎造就出比經濟學引導的最佳稅制更高性能的稅制。理論、實驗、交涉，一概都不需要。

它還有個更令人開心的優點。稅制令人苦惱之處，就是不管設計出怎樣的稅制，都有人會利用節稅技巧來鑽稅制的漏洞。演算法也會自動應付這些人。因為節稅高手、逃稅者的行動，都會自動反映在演算法所讀取的經濟統計資料中。對這些資料做出最佳應對的演算法，會自動與節稅技巧戰鬥。**這項嘗試同樣也是想以機械來取代政治人物、官員、經濟學者的無意識民主主義的夢想。**

之所以會產生這種先驅的範例，是因為金融政策和稅制很容易以數學來表現，而且很適合套用既有的經濟統計資料。類似的情況，也會逐漸在層面更廣的公共政策和政治決策上發生。

萌芽的極限：自動價值判斷與演算法透明性

不過，這些例子都只算是搖搖晃晃地朝無意識民主主義邁出不完美的第一步。它有兩個極限。

第一個極限，是欠缺實證價值判斷。在既有的案例下，可能是價值判斷標準任誰都看得出來，所以價值判斷全委由使用演算法的人去處理。

以金融政策的情況來說，演算法顯示的，往往是在各種金融政策選擇下，總體經濟指標會發生什麼情況的劇本預測。在從中做選擇的價值判斷與最終選擇階段，都是委由人們來處理。以軍事決策的情況來說，其目的顯然是要避免武力衝突或是超出敵方限度的不規則行動。當沒有明確的單一目的或指標時，要如何展開實證價值判斷，讓演算法代為進行價值判斷呢？應該解決卻尚未解決的最大問題就在這裡。

實證發現目標與價值判斷，已開始逐漸萌芽。這幾年來，人們常說中國共產黨的經濟政策有很大的變化。從原本造就出許多市值達世界頂極水準的全球企業以及資產達數兆日圓的資產家，以賺錢為最高原則的富豪政策，開始改變方針。中國重視財富不均的問題，就像在敵視企業家和資產家一樣，轉向「共同富裕」的政策。

之所以會講得煞有其事，有可能是因為引發這種態度轉變的，是來自中國版 Twitter——微博的民意資料。人們在微博上感嘆落差和不平等，湧現仇富的聲音。可解釋成，就是它改變了共產黨政府的態度。

這是真的嗎？如果是真的，微博的資料扮演了多致命的角色呢？答案只有中國共產黨才知道。但這個故事提供了我們實證發現目標的原型。這是基於民意資料，將經濟政策的目標函數從成長和大型企業的培育，突然轉向分配的一種價值轉換。

試著這樣說明後便會明白，乍看之下很反常的實證發現目標，其實就位在不管哪個政府多少都會做的媒體風向儀的延長線上，不同之處在於實證發現目標是透過透明的演算法來自動進行。

既有案例的第二個極限，是決策演算法不公開也不透明的情況相當多。現狀讓人聯想到受法律支配前的野蠻時代，演算法為了體現出民主主義的程序，必須公開演算法。就像法律會逐漸明文化、透明化一樣，束縛無意識民主主義政府，讓它的理念接受合憲、違憲的判斷、供人批判、提案，這些都是不可或缺的。用來決定價值標準和決策的資料本身，儘管因為隱私等限制而無法公開，但如何使用資料、如何決定的這種無意識民主主義規則與演算法，則要成為透明的玻璃。不論公投還是選舉，個人的投票用紙（＝資料）不能公開，但結果是如何從投票中決定的這種投票計票規則，則會公開，一樣的道理。

不過，要怎麼做，私人企業才會公開他們投入開發的演算法呢？是要仿照過去數百年傳統憲法的歷史，採取血腥暴力的革命，還是展開全新的數位立憲運動呢？這又是另一個未解決的問題。

無意識民主主義應該到來的花開

試著想像一下超越這種極限的社會吧，備有實證價值判斷，透明公開的無意識民主主義演算法，將會逐漸遍及每個政策領域。現有的政策機械只會推薦，

圖 14：演算法選擇的正統性：從推薦到指導

最後決定還是得由人類的政治人物或官員來出手。但漸漸地，連最終決策也會由政策機械來進行。人類可能只要邊喝拿鐵，邊玩遊戲，斜眼瞄一下政策機械，確認它沒失控就行了。

當這樣的流程過了一段時間後，無意識民主主義便會寄生在意識民主主義全身。這個連接點的意象，與我們個人有關，常出現在我們面前的，便是最近Apple Watch 的電視廣告（圖14）。過去個人使用的數位裝置，只會輔助人類，提供推薦。選項就由手機提供，至於接下來要採取的行動，則是視用戶個人而定，但這個廣告的 Apple Watch 不太一樣。當人們要採取偷懶的行動時，Apple Watch會突然改變這個人的行走方向，讓他騎自行車，以取代坐車，讓他到泳池游泳，取代躺在床上。人們被手錶拉著走，由它來設計生活，它賜予人們如此強烈的視覺印象。

對人類進行指導，強制命人行動的機械，這不是未來的烏托邦／反烏托邦，

而是現今在電視上播出的日常。就像部下（人類）被上司（手機）拉著四處跑一樣的決策，要是人們覺得這個決策發揮不錯的功效，就會被賦予「這樣就對了」的正統性。這種決策的正統性概念的轉變，將會陸續在社會全體發生。首先會在個人發生，接著會在企業發生。然後是國家。

民主主義下的政策決定，大部分都會無意識下自動執行，一開始會像 Apple Watch 的廣告一樣，給人一種奇怪的感覺，但很快就會習慣，等意識到時，它已變得理所當然，無法感覺到它的存在。政治的無意識就此開拓開來，國家的骨架重整與人格改造就此完成。

這事一點都不像科幻小說那麼荒誕，如果回到一千年前對武士或農民做問卷的話，像這樣的全國選舉，他們一定也會說這是無稽之談，是一點都不划算的魯莽行徑。只要決定規模、速度、費用的技術環境和價值觀改變，就有可能以數十年到上百年為單位，無意識民主主義是一種可說是常識，又很無趣的未來光景。

人們常說民主主義行事拖拖拉拉，行動往往慢了好幾步，所以一旦有風波發生，無法處理得宜。而另一方面，獨裁和專制只要領導人失控，馬上便惹出風波。難道就不能擷取民主和專制的優點，幸福地融合在一起嗎？

無意識民主主義給了我們一個答案。無意識提供民意資料的大眾民意所帶來的決策（民主主義）、設計出無意識民主主義演算法的少數專家所帶來的決策（科學專制、貴族專制），以及資訊與資料所帶來的決策（客觀的最佳化），三者融合在一起，就是無意識民主主義。

政治人物無用論

無意識民主主義，同時也是一種不需要人類政治人物的構想。不再需要的政治人物，會像立在老藥局前的吉祥物一樣，成為塵埃密布的存在。

的確，現在的我們離那樣的境界還很遙遠。要做什麼的時候，一旦遇上問題，就會想要怒吼一聲「叫店長過來！」，要求有一位活生生的負責人，始終無法從這樣的思維中跳脫。自動駕駛是個容易理解的例子，儘管腦袋和資料都告訴我們，它比手動駕駛還安全，但對於有事發生時，沒有一位可以究責的人坐在駕駛座上，就這樣載運人們的性命，就會莫名感到不安，難以忍受。我們古老的人類有這樣的認知習慣。就算無意識民主主義有施行的可能，可一旦真要上場了，又會突然恢復自我意識，需要政治人物來當可供人痛毆的沙包或吉祥物。不過，等再過了兩、三代後，連這都不需要了。到時候我可以打賭，大部分的政治人物都會像畫在海邊沙灘上的人臉一樣，逐漸消失。

我們再試著深掘一個問題吧。現今的間接代議民主主義，政治人物擔任的角色主要有二。

(1)決定政策性方針，利用行政機構來執行的**「身爲調整者與執行者的政治人物」**

(2)成為政治與立法的門面，承受一切狂熱或批評，宣洩輿論壓力的**「身爲偶像、吉祥物、沙包的政治人物」**

我認為「身為調整者與執行者的政治人物」，將會被替換成軟體或演算法，而逐漸自動化。而「身為偶像、吉祥物、沙包的政治人物」，則會被替換成貓咪、蟑螂、VTuber、像虛擬網紅般的假想人物。

政治人物會成爲貓咪和蟑螂

以貓咪來替換，與「角色」問題有關。在現今這個極度複雜的社會，要政治人物理解經濟、醫療、軍事等所有課題，並做出妥適的判斷，這樣的方針根本不可能辦到。大家隱約都發現了，但要是真講出來就完了，所以看電視上的政治討論，針對重大的問題也只是談一些很表淺的內容，因而讓人感到倦怠。

不過，若要說真心話，大家都知道，政治人物應該扮演的最重要角色，不是對無數的課題做出合理的判斷，而是提供一個「感覺良好的角色」。像是給人很大器的感覺、不惜扮演漫畫和卡通人物，博君一笑的感覺、單純只是長得帥、可愛、嗓音迷人，以及讓人很想聊他的話題，或是說他壞話，讓人永遠都不覺得

膩的話題性。

不過，如果只是需要一位細細品味後更有味道的角色，為什麼一定得是人類不可？如果換成貓呢？假設賜予貓被選舉權，有幾位人類的政治人物能靠角色設定贏過貓呢？能取代偶像型政治人物的，就是貓了，至於當作代罪羔羊來圍攻的政治人物，只要另外打造一個對象來代替就行了。也許用蟑螂是個好主意，沒錯，就是蟑螂。

我們的社會逐漸成為一個「不准用屬性來區分人」的社會。不准用男女來區分、不准用年齡來區分，所有人類都逐漸朝抱持同樣想法的方向前進。**這種走向今後要是再持續下去，可以預見，將會走向「不准區分人類與其他動物或生命」的方向。**我與幾位素食者或純素食者聊天時，他們深有所感地告訴我，他們對於遭解體的雞或是醃漬的鯖魚，能感受到牠們的痛苦，就像這種感覺。

只要想到花了數百到數千年的時間，持續變得溫柔、非暴力的人類[11]，則素食者和純素食者的那種感覺就會慢慢往人類全體擴散。這麼一來，貓與人的區別，以及人與蟑螂的區別，將會變得淡薄，愈來愈不重要。這麼一來，政治人物討喜的角色設定是貓，至於討人厭的角色設定，則分解成蟑螂之類的角色，這樣不就行了嗎？我是很認真這麼想。

貓咪成爲政治人物的世界，可能會比預料的更早到來。真正的貓咪已經在美國總統大選中出馬過了[12]。在一九八八年總統大選中出馬的，是公貓「莫里斯」。莫里斯是當時當紅貓食的廣告招牌。常出現在電視和雜誌上的莫里斯，曝光度超群，以高於一般政治人物的知名度傲人。

其實在總統大選的規則裡，並沒有「參選人得是人類才行」這樣的限制，而突破這個盲點參選的，正是莫里斯。在召開的參選記者會上，牠的代理人這樣說道：

「莫里斯擁有第三十任總統卡爾文・柯立芝文靜的態度、第三十五任總統約翰・甘迺迪的動物魅力，以及第十六任總統亞伯拉罕・林肯的正直，是兼具這些特質的候選人。」

這是一場很知名的演說。雖然最後公貓莫里斯可惜敗給了喬治・赫伯特・華克・布希（老布希），但牠擔任廣告招牌，吸引廣大關注的那家貓食，因此業績暴漲，當中牽扯了這麼深的「政商」關係嗎？

而真正的貓市長也確實誕生過。就在美國阿拉斯加州的塔奇納鎮。當地居民不喜歡出馬參選的候選人，就此擁立市長候選人貓咪「史塔布斯」，就此展開在投票用紙中填入貓咪名字的運動。最後統計票數，竟然打敗了其他候選人，就此傳為佳話[13]。這不是只有貓咪才有的特權。一九六八年的美國總統大選，有豬參選，一九八八年的里約熱內盧市長選舉，有黑猩猩參選，一九九七年的愛爾蘭總統大選，有火雞角色參選，獲得很高的票數[14]。離動物從人類手中奪走政治人物這個職業，看來就只差一步了（234頁圖15）。

我這樣說，很多人會反駁我一句「可是貓和蟑螂不會說話」。但數百年前的歐洲殖民者們，可曾將不會說他們語言的殖民地上其他民族的人類，看作是溝通對象或擁有（被）選舉權的主體？正因為幾乎都把他們當動物看，才會很自然地當成奴隸來使喚吧？這種精神性，花了很長的時間才逐漸改變。

貓和蟑螂也一樣。話說回來，原本就不需要透過語言與蟑螂或貓溝通，在現今的社會，比起人與人使用語言互相討論理解，貓和人相擁產生共鳴，往往遠比說話更快能得到認同感，光看網路上有那麼多貓咪相關的內容，也可以明白。我甚至有預感，人類以外的物種所使用的各種表情、嬉鬧、音波、化學物質，與人們使用的交流方法之間，也許會出現某種翻譯。正好最近有報告指出，繪圖生成

圖 15：政治人物變成狗以及猩猩

右：打敗兩人，成為名譽市長的狗，博斯可（Bosco）（美國）
左：在市長選舉中，狂吸四十萬票的黑猩猩鈦奧（Tião）（巴西 Fulviusbsas (CC BY SA 4.0)）

AI已獲得超越人類智能的獨特溝通語言[15]。對貓和蟑螂的愛恨，會讓人覺得自己與牠們展開溝通，而有一份責任在，這樣的時代或許會到來。

就算不是貓咪或蟑螂也沒關係。更具有現實性與短期性的，是像VTuber（Virtual YouTuber）和虛擬網紅這樣的數位虛擬人物，**VTuber成為政治人物的替身，承受人們對真正的人類政治人物展開的批評中傷。將這位虛擬人物逼到憂鬱症或自殺，就此大快人心……要是出現這樣的服務，這可說是真人與虛擬人物的雙贏。**而認真討論VTuber與虛擬人物人權的時代也將就此到來。

超越「公民素質」，或者是政治人物和選民都變成動物

人類與非人類的融合、有意識與無意識的融合，也迫使「公民素質」產生變化。「公民素質很低的www」常聽到這麼一句嘲笑民主社會的慣用語，例如在第三章「逃離」所介紹的反民主主義運動思想家，便可說是典型的公民素質運動。

因為這是想為特別挑選的高公民素質者建立烏托邦的運動。不過，如果重點不是提高公民素質，或是思考全新的公民素質，而是要消除公民素質這樣的概念，有沒有可能辦到？只要是仰賴我們的意識和判斷，就無法擺脫公民素質（也就是意識、資訊、思考、判斷的品質）這樣的概念。

為了加以擺脫，要暫時先讓人類回歸到不去問心中是否產生意識的生理反應組合體，也就是暫時回歸到人類所瞧不起的動物世界。接著將意識和判斷交由演算法去負責。選民和政治人物都暫時變成動物，創造出不在乎公民素質高低的狀態，這種運動可以說就是無意識資料民主主義。**無意識民主主義不需要公民素質，是包含所有人在內，對另一種決策機制的摸索。**

政治人物會成爲符號

就這樣，當偶像的政治人物、當負責人的政治人物，會逐漸消失，改由貓來代替。最後只有當務實工作者的政治人物會留下。

大家回想一下，企業的中間管理職和事務職所負責的角色，會因為業務支援 SaaS（Software as a Service）而愈來愈小。個人投資、健康、購物的管理，也會陸續交由 App 來負責。沒理由認為只有政治會例外。**「政治家 as a Service（政 aaS）」這種軟體的誕生，**幾乎可說是必然的趨勢。現在已可看到一些小小的萌芽。

實際上，為了擴大權力，不擇手段，全年無休一直關注輿論風向，所謂的政治人物這種生物，比起擁有一貫的信念和熱情，一直在後悔和懊惱中生活的人們，他們更像是特斯拉電動車，只要有需要，隨時都能很乾脆地更新軟體。

「要他很乾脆的翻轉自己的信念旗幟，改為高舉其他旗幟，只要一天的時間就夠了，有時甚至只要一個小時，甚至是一分鐘。他不是為理想而死，而是配合時代的腳步，時代的變化速度愈快，他會愈加快速度追上時代。」（史蒂芬．褚威格（Stefan Zweig）《一個政治家的肖像——約瑟夫．富歇傳》[16]）

如果是這樣，比起由人們勉強自己受人誹謗中傷，身心俱疲，努力發揮政治人物的功能，還不如交給無意識民主主義軟體更新還比較輕鬆，不是嗎？軟體演算法不會嫉妒，不會黏著不放，也不會困惑，更不會耗損心神。它只會遵照每分鐘更新的民意，「很乾脆地翻轉自己的信念旗幟，改為高舉其他旗幟」。

在不斷進行軟體更新的無意識民主主義下，人類的政治人物和官員扮演的角色，通常都是依照演算法的推薦行動，一旦出問題時，就發動否定權，變成如此鬆散的角色。我說的一點都不奇怪。例如像事先交由高頻率交易演算法去處理，一旦發生股市崩盤，便臉色大變，馬上開始以人力介入的交易員。遵照減肥App的指示，限制醣類、脂質的攝取，但不時會在深夜大口啖冰淇淋的我們。這一切早已存在，現在我們不過只是位於它的延長線上罷了。

談到這個話題，便常會出現「貓或是演算法能負責嗎？」這樣的疑問。但話說回來，人類的政治人物有負責嗎？現今的自民黨執行部，有許多都快要九十歲的高齡人士。他們訂出社會保障、醫療、年金、教育等制度和政策。會對數十年後的社會帶來影響的政策，八十多歲的政治人物能負怎樣的責任？當結果出來時，他們明明都已不在人世了。

盲目地相信人類的政治人物能負起責任，那就像是在說能向死者追究責任一樣。無法溝通，連話都沒辦法說的死者，能說出怎樣的反省說法？相信躺在墓地裡的人，會比活生生的貓或不眠不休工作的演算法更有責任感，這理由何在？

這已經算是哲學問題了。

愛做夢的無意識民主主義

選舉就這樣成了演算法，政治人物成了貓。透過資料造訪國民在無意識下產生的一般想法，戴著貓咪面具的演算法，這會是接受無意識民主主義神諭的巫女。

這是民主主義嗎？想必有很多人感到疑問吧。的確，這與我們聽到「民主主義」，而在腦中浮現的制度不同。但「民主主義」這種理念和思想的具體呈現，過去經過這麼長的歷史，有了很大的改變。

「今日民主主義的概念，與西元前五世紀想出的概念，幾乎已沒什麼相似度。就算有相似處好了，令人吃驚的是，幾乎沒人會注意到這個事實[17]。」

回顧過去漫長的歷史，人類持續展開民主主義可能的各種形態的實驗。例如在建立現代代議制民主主義骨幹時，扮演重要角色的，是十一～十二世紀時，在歐洲某個地區（尤其是中北部的義大利）群體出現的都市共和國[18]。它們既不是一般的都市，也不是一般的國家，而是都市國家，這點很重要。由於超越單純的自治團體，對外擁有主權，擁有堪稱是國家的強大力量，所以需要有發達的政治制度。同時，它們也具有勝過都市的規模，所以能展開各種機制的實驗。

像義大利的佛羅倫斯就是個很好的例子，在十三世紀中葉，各個工會派代表到執行部去，就此制度化。等來到十四世紀後，這個機制被替換成複雜的選舉制度，透過選舉展開的代議制民主主義就此萌芽，都市國家的這種嘗試錯誤，似乎促成了人們發現代議制民主主義。

之後又過了七百多年，民主主義的實驗將再度復興。**像是無意識民主主義，這種思考實驗以及社會實驗，可以說是一種返祖現象。**

因為受區塊鏈技術支撐的 Web3 的蓬勃，像用來選舉、達成共識的通訊協議，以及貨幣、證券的設計等等全新的政治經濟制度，有愈來愈多線上社群加以嘗試[19]。也有許多十多歲的年輕人嘗試開發許多軟體，來幫助既有的自治體引進獨自的政治決策系統或是地區貨幣系統，在瀨戶內海的島上展開實驗[20]。甚至有藝術家擅自在日本邊境宣布成立新政府[21]。這些有形無形的獨立社群，都會成為無意識民主主義的溫床。

在無意識民主主義下，我們已不會有意識地做出決定。無意識民主主義也會因此而對民眾不抱持希望。

但無意識資料民主主義並非反民主主義。它不是見民主主義崩毀而大聲叫好，朝它丟石頭的獨裁強者的有意識想法。而是堆疊石頭，想為民主主義開闢全新道路的民眾無意識的想法。

約莫一百年前，民主主義也曾瀕臨危機。因納粹勢力抬頭，連自己也被迫得逃難躲避德國危害的政治學家，同時也是憲法學家的漢斯・凱爾森（Hans Kelsen），於一九三二年面對瀕死的民主主義說道。

「民主主義者不應該倚賴這個不吉利的矛盾，尋求為了解救民主主義而採取的獨裁。即使船沉了，仍應該保有對旗幟的忠誠。『自由的理念不可能被破壞，它沉得愈深，就愈會以更強的熱情重生』，要懷抱這樣的希望，緩緩沉入海底」

（凱爾森《民主主義的本質與價值[22]》）

民主主義朝向重生的沉沒，那正是無意識資料民主主義[23]。

1 總務省《國政選舉下的投票率推移》

2 無意識資料民主主義與「自動民主主義」和「擴張民主主義」等構想，有很深的緣分。

Danaher. J. "The Threat of Algocracy: Reality, Resistance and Accom modation" Philmophy & Technology 29.3（2016）: 245-268.

Hidalgo, C. "Augmented Democracy: Exploring the Design Space of Collective Decisions."

Himmelreich, J. "Should We Automate Democracy?" Oxford Hand book of Digital Ethics, 2022.

Susskind, J. Future Politics: Living Together in a World Transformed by Tech. Oxford: Oxford University Press, 2018.

與東浩紀先生所構思的「一般意志 2.0」，也有很多相通的部分。

東浩紀《一般意志 2.0：盧梭、佛洛伊德、GOOGLE》（講談社，2015 年）

3 文部省《民主主義》（KADOKAWA，2018 年）

4 坂井豐貴《多數決玩弄了真正民意：民主遊戲規則與社會選擇理論》（2015 年）

5 Przeworski, A. Why Bother With Elections?. Polity, 2018.（《這樣仍要投票的原因？》白水社，2021 年）

6《# 真實選舉分析 參議院選舉 2019」（note，2019 年 8 月 9 日）

7 過去發現過於簡單的民主主義（例如多數表決的直接選舉）具有危險的美國建國之父，做為讓民主主義發揮功能的社會特質，而構思出「交叉分歧（cross-cutting cleavages）」。因每個論點與討論而翻轉的多數派與少數派，可看作是社會上交叉分歧的具體呈現。

Hamilton, A., J. Madison, and J. Jay. The Federalist Papers. 1788（《聯邦黨人文集》，1999）

8 Christoph M. Interpretable Machine Learning: A Guide for Making Black Box Models Explainable. 2022.

9 Board of Governors of the Federal Reserve System "Review of Monetary Policy Strategy, Tools, and Communications." August 27, 2020

10 Zheng, S. A. Trott, S. Srinivasa, N. Naik, M. Gruesbeck, D. C. Parkes, and R. Socher. "The Al Economist: Improving Equality and Productivity with Al-Driven Tax Policies." arXiv: 2004. 13332 （2020）.

11 Pinker, S. The Better Angels of Our Nature: Why Violence Has Declined. Brilliance Audio, 2011. （《人性中的善良天使：暴力為什麼會減少》，2015 年）

12 政治 .com「參選美國總統的『貓』」2020 年 12 月 3 日

13 NBC "Stubbs the cat serves as mayor of town." （July 16, 2012）

14 "How the Yippies "Stuck it to the Man' at the 1968 DNC." History, August 26.2020

"Most Votes for a Chimp in a Polinical Campaign." Guinness World Records "Bringing The Dart To Dingle' And 'Bringing The Olympics To Termonfeckin'-Dustin -The Poultry Party Election Posters." Irish Election Literature, July 20, 2010

15 Daras, G., and A. G. Dimakis. "Discovering the Hidden Vocabulary of DALLE-2" arXiv: 2206. 00169 （2022）.

16 Zweig, S. Joseph Fouché: Portrait of a Politician. Viking Press, 1930. （《一個政治家的肖像——約瑟夫．富歇傳》，1979 年）

17 Sartori, G. The Theory of Democracy Revisited. CQ Press, 1987.

18 木庭顯《民主主義的古典基礎》（東京大學出版會，2003 年）

19 Weyl, E. G., P. Ohlhaver, and V. Buterin, "Decentralized Society: Finding Web3's Soul （2022）

20 Game Change 日本…毛毛蟲大作戰…《改革方案 1 「數據驅動．新民主主義的安裝」之概要》（note、2022 年 1 月 8 日）

《改革方案 2 「數位地方貨幣帶來的財政改革」之概要》（note、2022 年 1 月 10 日）

21 坂口恭平《第一次自己建國就上手：上任有理，建國無罪，自己的政策自己訂！》（2012 年）

22 Kelsen, H. Vom Wesen Und Wert Der Demokratie, 1920.（《民主的本質與價值》，2015年）

23 無意識民主主義拋出無數個疑問及未解決的問題。例如在意識民主主義下會成為關鍵的眾人有意識的審議（deliberation）問題。Fishkin, J.S. Democracy and Deliberation: New Directions for Democratic Reform. Yale University Press, 1991

Habermas, J. "Three Normative Models of Democracy." Constellations（1994）

審議要如何與無意識民主主義合作，還是不合作？審議民主主義的弱點之一，是反而因為審議而加強了成見或偏見。

Sunstein. C. Going to Extremes: How Like Minds Unite and Divide. Oxford University Press, 2011.（《極端的人群：群體行為的心理學》，2012年）

無意識民主主義有可能補足這項弱點。因為無意識資料民主主義除了人們的關注外，還會採納客觀的成果指標資料來做決策。對於像這樣湧出的無數疑問所展開的思考，希望日後能有個結論。

終章・平常心看待異常

「您為什麼要思考民主主義？」曾經有位記者這樣問我。其實真正的答案是「因為有其他記者這樣問我」，就是如此被動的動機，說來遺憾。不過，試著思考後發現，這當中也暗藏了更為主動，而且單純明快的理由。因為選舉和民主主義的現狀出現異常。

原本我的專業與民主主義、選舉、政治，一點關係也沒有。這是資料、軟體、演算法等數位技術與社會制度、政策的一同進化。我製做出「以數據驅動的方式來設計用在決策或資源分配上的手法」，做成學術論文、軟體、開放數據等等。

製做出的技術也實際運用，與數十家企業、自治體、非營利團體合作。日本的戶田市、昭島市及美國的紐約市、芝加哥，以及南非最大的醫療非政府組織 Praekelt 財團等，一起根據數據資料投入教育、醫療政策。分析社會創業家創立的全新教育課程學校，看教育效果是否真的比傳統公立學校更高，針對經濟環境不佳的孕婦製作提供醫療資訊的 App。

也曾和 Cyberagent、ZOZO、Mercari、SONY、Yahoo Japan 等企業一起共事，開發時尚和廣告等推薦演算法。這些演算法現在只在網路產業和遊戲產業等一小部分廣泛使用。但同樣的技術，也開始流入公共政策領域。可能是因為這樣的結果所引發吧，我對教育、醫療等公共政策的機械化、智能化就此產生興趣。

從這個觀點來回顧，我突然湧現一個疑問。我們平時使用的商品和服務，在這二、三十年間，宛如另一個世界。在九〇年代，用 BB. Call 與家人或朋友展開一行文字的溝通，已是極限。而現在透過影片以及無數的協作工具，甚至可以人在別府溫泉，卻為地球另一側的美國東岸大學工作。創造出資訊、通訊數據技術的這項劇變，是人們所創造，足以翻天覆地的大改變，對此想必沒人會有異議吧，真是太了不起了。

不過，也還是有該反省的地方。將這種技術發展反映在公共領域，尤其是民主主義和選舉上，人們卻一直失敗，令人驚訝。投票和選舉的做法，數十年來幾乎都沒改變。在許多國家，連網路投票到現在也仍在討論中，而政黨在黨內選舉中引進網路投票，還被報導成是走在時代尖端的嘗試[1]。這實在不對勁。現今的選舉和政治機制，充滿懷舊風情的暗色調昭和感，這實在很不正常。是一種病態。

政治與選舉制度，沒有競爭，也沒外在壓力。可能就是因為這樣，當然會陷入停滯。但大家得想起「有生命者全都值得毀滅」（歌德《浮士德》裡的魔鬼梅菲斯特）這句話。

那麼，該毀滅什麼，又該創造什麼來取代它呢？

我們就試著來探究現今的選舉和民主主義的故障結構，創造出選舉制度，從無法改變的內部去鬥爭，逃往獨立都市與國家，從頭打造新的政治制度，或是設計無意識資料民主主義的構想吧。

這本書所投入的課題和點子，大部分都很老舊。也不是我自己想出的，而是早從數百年前，搞不好數千年前，就一直以各種形態改變，並展開實驗。民主主義相關的討論，可說是歷經數千年之久，一直在同樣的地方打轉。

不過，因為圍繞同樣問題的文脈和環境產生變化，因而同樣的問題開始展現出不同的表情。一直到數十年前為止，都還沒有替代方案，可具體且充滿技術性地解決問題。如果是一百年前，想必只能束手無策吧。但現在情況不同了。決策用的資訊、數據資料的質量和計算處理能力，已有了不同層次的改變。用它來決策的演算法，背後也累積了許多支撐它的點子、思想，以及理論，本書就是試著將它們串聯在一起，做為民主主義更新用的生存手冊。

說到社會的遠景和總體規劃，向來都是政治人物和經營者出面，說些像大學生期末報告般的表面話。但總覺得這樣不對。相較之下，漫畫、動漫作品反而還提供了更具體且長期的人民生活樣貌。創做出這些作品的，是處在我們生活周遭的一般市民。希望選舉和民主主義也都能和它們一樣。不論再怎麼微不足道都無所謂，我們每個人都重新思考民主主義，以及選舉的遠景和總體規劃，這點非常重要。

話雖如此，感覺這本書也只是提出遠景罷了。似乎有人會批評道「光說不練是吧，好歹讓我看看你具體的投入和實踐吧」。不過，這種很像是活在二十一世紀的人才會說的話，就別說了吧。

回顧歷史，從盧梭的《社會契約論》到馬克斯的《資本論》，就結果來看，都有同樣的經驗法則，那就是——最具影響力的構想或思想，往往最沒實踐性。就像在自己房間或圖書館裡，悶悶不樂地說著自己的空想，柔弱無力，只會嘴巴說的想像者。本書就是想仿效這個不良傳統，只會嘴巴說的我，被實踐者鄙視、嘲笑，就此被現實超越，我很期待這樣的結果。

有人問我，我們能自己打造出將瀕死的民主主義逼入絕境的「黑船」嗎？滿是可讓人吐槽的點，慘不忍睹的這本書所做的嘗試，就是希望能成為這種黑船的一部分，哪怕只是廁所裡的小零件也好。

「革命的目的大得無法想像，所以革命會一再猶豫不前。當人們不再猶豫不前，那就是處在已完全無法後退的情況下。這時，那樣的環境會向人們喊道。

這裡是羅德島。就在這裡跳吧！

這裡有玫瑰。就在這裡跳舞吧！」

（卡爾・馬克斯《路易・波拿巴的霧月十八日》[2]）

參議院選舉在即，人們展開那跟不上時代的慶典，

街上喧鬧不休的二〇二二年六月

成田悠輔

1 東京新聞「推動引進網路投票的法案意義何在？聽聽帶頭提議者中谷一馬眾議院議員怎麼說」（2021年9月5日）

拒絕網路投票的阻害（藉口）之一，在於「難以確認是選民本人進行網路投票，或是受某人強制、被操控、被駭客」這個問題。為了克服這個阻礙，採用數位技術，尤其是區塊鏈的網路投票的匿名性及可信賴性的擔保將會是關鍵。

Buterin, V. "Blockchain Voting is Overrated among Uninformed People but Underrated among Informed People."（2021）

2 Marx, K. Der achtzehnte Brumaire des Louis Bonaparte. 1852.（《路易・波拿巴的霧月十八日》，2020年）

國家圖書館出版品預行編目資料

22世紀的民主主義：AI時代的民主突圍之路/成田悠輔 著；高詹燦 譯.--初版.--臺北市：平安. 2024.11 面；公分. --（平安叢書；第0817種）（我思；025）
譯自：22 世紀の民主主義：選挙はアルゴリズムになり、政治家はネコになる
ISBN 978-626-7397-81-7(平裝)
1.CST: 民主主義 2.CST: 民主政治 3.CST: 政治思想

571.6　　113015189

平安叢書第0817種

我思 25

22世紀的民主主義

AI時代的民主突圍之路

22 世紀の民主主義：
選挙はアルゴリズムになり、政治家はネコになる

作　　者—成田悠輔
譯　　者—高詹燦
發 行 人—平　雲
出版發行—平安文化有限公司
台北市敦化北路120巷50號
電話◎02-27168888
郵撥帳號◎15261516號
皇冠出版社（香港）有限公司
香港銅鑼灣道180號百樂商業中心
19字樓1903室
電話◎2529-1778　傳真◎2527-0904
總 編 輯—許婷婷
執行主編—平　靜
責任編輯—林函鼎
內頁設計—單　宇
行銷企劃—鄭雅方
著作完成日期—2022年
初版一刷日期—2024年11月

法律顧問—王惠光律師

讀者服務傳真專線◎02-27150507
電腦編號◎576025
ISBN◎978-626-7397-81-7
Printed in Taiwan
本書定價◎新台幣380元/港幣127元